AF548272

Sine Ergün

Solche wie Sie

Kurzgeschichten

Sine Ergün

Solche wie Sie

Kurzgeschichten

Aus dem Türkischen
von Sebile Yapıcı

Dağyeli

Die Übersetzung dieses Buches wurde gefördert
vom Deutschen Übersetzerfonds
im Rahmen des Programms »Neustart Kultur«

Die Herausgabe erfolgte mit freundlicher Unterstützung
durch das TEDA-Programm
des Ministeriums für Kultur und Tourismus der Türkei

Sine Ergün:
Solche wie Sie. Kurzgeschichten
Originaltitel: Baştankara

Die türkische Erstausgabe erschien bei Can Yayınları İstanbul

Erste Auflage 2022

www.dagyeli.com

Konzeption und Gestaltung: Mario Pschera
unter Verwendung eines Gemäldes von Nuray Koschowsky
Foto der Autorin © Can Erok
Gesetzt aus der Coco Gothic Pro Alt und der Nueva Std
Druck: Booksfactory
Printed in EU
ISBN 978-3-935597-61-6

Inhaltsverzeichnis

1

Solche wie Sie

Es war morgens, als sie in der Stadt ankam. Sie erinnerte sich an reichlich wenig. Sie war in den Bus gestiegen und eingeschlafen.

Sie stieg aus dem Bus, betrat das Bahnhofsgebäude. In dem verglasten Bau saßen vereinzelt Menschen auf Metallstühlen. Niemand sprach mit irgendwem. Und doch war ein leises Gemurmel zu hören. Sie ging hinaus. Lief los. Sie lief für eine lange Zeit in einem dichten Nebel, der sie gerade so bis zu ihrer Schuhspitze sehen ließ. Nur mit Mühe konnte sie die Häuser ausmachen. Alle waren hoch, gelblich-grau und ohne Balkon.

Sie sah ein Licht, HOTEL, ging hinein, sagte, Eine Nacht. Der Mann gab ihr ohne ein Wort den Schlüssel, sie zahlte und ging auf das Zimmer. Gelblich-graue Wände, ein Bett, darauf eine Decke, ein Tisch, ein Spiegel. Sie schloss die Tür ab, ließ den Schlüssel stecken. Und glitt in den Schlaf.

Sie wachte vom Klingeln des Telefons auf. Die Stimme sagte, Ich bitte Sie, das Zimmer zu verlassen. Warum, fragte sie. Sind Sie hierhergekommen, um sich mit jemandem zu treffen? Hier im Hotel sind Treffen verboten. Sie erinnerte sich nicht, ob sie sich mit jemanden treffen wollte oder nicht. Warum, fragte sie wieder. Ich weiß nicht, Sie sehen mir nicht so aus, wie eine, die hierherkommen würde. Sie fragte nicht, wie sie denn aussähe. Sie schaute in den Spiegel, sah erst ihre Augen, dann die Nase. Danach ihre Lippen, die hohe Stirn, die Augenbrauen, die Wangen. Während sie schaute, veränderte sich ihr Gesicht, die Augen im Spiegel blickten sich nervös suchend im Zimmer um, anstatt zurückzuschauen. Ihre Nase löste sich auf, die Wangen fielen immer mehr ein, die Augen verloren sich in ihren Höhlen. Es lohnt sich nicht, dachte sie bei sich. Als sie wieder in den Schlaf glitt, hatte sich Nebel auf ihr Zimmer gelegt.

Wieder wachte sie vom Klingeln des Telefons auf. Sie müssen das Zimmer verlassen, sagte die Stimme. Nein, sagte sie, Das ist keine Bitte, verlassen Sie das Zimmer. Sie würde nicht gehen, sie konnte nicht gehen. Sie schaute in den Spiegel, versuchte, durch den Nebel ihr Gesicht zu erkennen, aber da war nichts. Wie lange ging das schon, wie hatte sie vorher ausgesehen, sie erinnerte sich nicht. Trotzdem konnte niemand sie aus dem Zimmer werfen, nur weil sie nicht so aussah. Sie glitt wieder in den Schlaf.

Sie wachte vom Klopfen an der Tür auf. Gehen Sie, sagte die Stimme hinter der Tür. Ich frage Sie nicht, woher Sie gekommen sind, ich gebe Ihnen auch ihr Geld zurück, sogar mehr, wenn Sie wollen, Hauptsache, Sie gehen. Nein, sagte sie, doch sie konnte ihre Stimme nicht hören. Wenn Sie nicht gehen, dann breche ich das Schloss auf, so oder so, Sie werden gehen. Es ist zu Ihrem Besten, solche wie Sie sollten hier nicht herkommen. Sie wartete. Sie hörte, wie sich Schritte entfernten. Sie glitt wieder in den Schlaf.

Sie wachte von zwei Stimmen auf. Das wird teuer für Sie, sagte eine der Stimmen, das ist ein robustes Schloss, Das macht nichts, sagte die andere Stimme, brechen Sie es einfach auf. Unter der Decke erwartete sie das Brechen des Schlosses. Kurz darauf hörte sie Schritte im Zimmer. Sie muss aus dem Fenster geklettert sein, sagte die Stimme. Die andere sagte, Wie das denn? Ich weiß es nicht, sagte sie, Hauptsache, sie ist gegangen.

2

Ein langer Weg

»Und ich verachte das Alleinsein.
Ich verachte mich,
wenn ich allein bin.«

Peter Handke, Die linkshändige Frau

Als Begleiter für eine lange Reise hätte sich weder die Frau den Mann noch der Mann die Frau ausgesucht. Als sie gehen mussten, schauten sie erst einander an, dann schauten sie sich um, und da niemand anderes zur Auswahl stand, machten sie sich zusammen auf den Weg.

Sie folgten bis zur Stadt hinaus wohlvertrauten Wegen. Als sie die Stadtgrenze erreichten, sahen sie, dass die Stadt ringsum von silberner Erde umgeben war. Vor ihnen lag ein schmaler Pfad. Der Mann bewegte sich schnell voran, hielt immer wieder inne, schaute sich aufmerksam um, die Frau ging mit gleichförmiger Neugier einen gleichmäßigen Gang.

Weder verengte sich der Weg, noch wurde er breiter. Vom ersten Tag an war er so schmal, dass sie, wenn sie nebeneinander gingen, sich ständig berührten, worauf beide nicht aus waren. Sobald die Sonne aufging, glitzerte die Erde so, dass es fast unmöglich war, überhaupt einen Pfad auszumachen. Nachts leuchteten einmal die Sterne, dann die Erde, und ihr Leuchten ging ineinander über. So verging die Zeit, keiner weiß, wie lang. Irgendwann sagte der Mann, Sie sind alle gegangen. Sie gingen und gingen, ihren Schritten lauschend, die Frau sagte, Schon vor langer Zeit. Warum sind wir zurückgeblieben? Ich konnte mich nicht entscheiden, mit wem ich gehen will, sagte die Frau, Ich habe gar nicht bemerkt, dass sie gegangen waren, keiner hat etwas gesagt. Die Frau blieb stehen, Reicht es nicht, wieviel wir heute gegangen sind, sagte sie. Nein, vielleicht holen wir sie noch ein.

Erst ging der Pfad, dann die ganze Erde in ein noch nie gesehenes Rot über. Sie gingen weiter, ohne auf irgendeine Spur zu stoßen. Als einer der ungezählten Tage endete, sagte der Mann, Dein Schweigen geht mir auf die Nerven, Du schweigst auch, sagte die Frau, wenn du sprechen würdest, würde ich zuhören. Wieder waren sie tagelang unterwegs.

Sie waren nicht durstig, als sie an ein Wasser kamen, sie tranken. Seit sie losgelaufen waren, saßen sie das erste Mal. Das erste Mal berührten sie die rote Erde. Als ich ein Kind war, habe ich einen Vogel getötet, sagte der Mann. Ich habe ihn nicht getötet, mein Freund tötete ihn, eigentlich war das auch nicht mein Freund, wir waren halt zusammen an dem Tag. Er sagte, lass ihn uns essen, wir rupften ihn, ich bekam trotzdem Federn zwischen die Zähne, als ich hineinbiss. Wieso habe ich da mitgemacht? Er stand auf, beugte sich zum Wasser, trank, kam wütend zurück: Warum haben sie uns nicht mitgenommen? Ich, sagte die Frau, habe niemanden gefunden, mit dem ich gehen wollte, Du hältst dich für etwas Besseres, das ist der Grund, sagte der Mann, das ist der Grund für deine Einsamkeit, ich beobachte dich die ganze Zeit, wenn du gehst, du fühlst dich sogar gegenüber der Erde, auf die du trittst, erhaben. Dein Schweigen geht mir auf die Nerven. Es wäre besser, wenn ich allein wäre, dann wüsste ich, dass ich allein bin. Ich bin müde, sagte die Frau, ich glaube, ich fange an zu träumen.

Die Frau dringt im Traum in die Tiefen des Wassers vor. Nichts zeigte an, wohin sie gehen würde. Sie wusste es einfach.

Der Mann steht im Traum auf einer Anhöhe. Er wusste, dass er fliegen konnte. Nur das.

Als sie aufwachten, war die Frau redselig, der Mann still. Alle Bücher, die ich liebte, habe ich jemandem gegeben, sagte die Frau, Nichts, was ich liebte, habe ich jemandem gegeben, sagte der Mann.

Die Frau sagte, Ab hier hört der Pfad auf, wir werden uns entscheiden müssen, wohin wir gehen. Du wirst in die eine Richtung gehen wollen und ich in die andere. Es ist nicht wichtig, wohin wir gehen, es ist nur wichtig, dass wir zusammenbleiben. Der Pfad wird enden, sagte der Mann, du wirst in die eine, ich in die andere Richtung gehen wollen. Wenn sich unsere Wege trennen, trennen sie sich. Wichtig ist, wohin wir gehen.

Die rote Erde ging in ein trostloses Schwarz über, der Himmel hingegen in ein strahlendes Weiß. Als es Nacht wurde, gingen nicht die Sterne auf, nicht der Mond. Hätte es einen Pfad gegeben, wäre er nicht zu sehen gewesen. Durch das zähflüssige Schwarz hindurch griff der Mann die Hand der Frau, zog sie, sagte, Hier entlang. Die Frau, unentschlossen, fügte sich, und sie drangen weiter vor.

Als gegen das vollkommene Schwarz die Sterne langsam sichtbar wurden, konnte der Mann einen Freudenschrei nicht unterdrücken. Sie ließen ihre Hände los, schauten abwechselnd den Himmel und dann sich an.

Die Frau erzählte dem Mann, dass früher die Sterne alle eine große Familie waren und sich irgendwann nach einem Streit, an den sich niemand erinnern wollte, um sich gegenseitig nicht noch mehr zu kränken, in einer bestimmten Entfernung zueinander über den Himmel verteilten. Der Mann hörte ihr, sich in der Geschichte verlierend, zu. Lass uns gehen, sagte er.

Als die Erde endlich zu ihrer eigenen Farbe zurückgefunden hatte, war bereits so viel Zeit vergangen, dass sie sich schon nicht mehr daran erinnern konnten, wie sie ausgesehen hatte. Der geradlinige Weg krümmte sich einen Hügel hinauf. Sie gingen weiter. Dahinter, hügelabwärts sahen sie ein kleines Häuschen. Sie gingen hinein. Es war das Haus der Frau. Es war das Haus des Mannes. Daran aber erinnerten sie sich nicht. Sie setzen sich. Genügend Zeit verging, dass die Adern auf den Händen hervortraten.

Ein Geräusch. Ein monotones Schlagen. Zuerst war es, als käme es von weit her, dann, als käme es aus ihnen selbst. Der Mann stand auf, drehte sich, lief das Zimmer ab. Er horchte nach, dem Zimmer, sich selbst. Als er sich zum Kühlschrank drehte, wusste er, dass er darin einen zu einer Kugel zusammengerollten Mann finden würde. Das hat aber lange gedauert, sagte der Mann, der aus dem Kühlschrank stieg, vorwurfsvoll. Als ich hier versuchte herauszukommen, um mein Leben kämpfte, wäre ich beinahe erfroren. Der Mann setzte sich wieder hin, der Mann, der aus dem Kühlschrank kam, nahm zwischen ihnen Platz. Die Kälte breitete sich aus, erst im Zimmer, dann in ihren Körpern.

3

Gras und enttäuschte Träume

Wenn wir zusammen abhingen, fragte mich Edgar immer, Wie ist Schnee, erzähl mal, Weiß, antwortete ich immer, kalt. Wie fühlt es sich an, ihn zu berühren, Weich. Nein, sagte er, weich ist kein Gefühl, was ist es für ein Gefühl, das frage ich. Ich wusste nicht, wie ich darauf antworten sollte, ich wusste nicht, wie ich das Gefühl in Worte fassen konnte. Enttäuscht schaute er mich an, reichte mir die Tüte weiter, drehte sich um und verlor sich in einem Punkt in der Ferne. Vergaß meine Existenz. So war es immer.

Edgars größter Traum war es, Schnee zu sehen. Das bedeutete mindestens drei Flugstunden Weg von dem Ort, an dem er sich befand und ich war mir nicht einmal sicher, ob er bis zu diesem Tag schon einmal die Stadtgrenze hinter sich gelassen hatte.

Edgar hatte noch viele andere Träume. Keiner ähnelte meinen Träumen. Er träumte davon, einmal im Körper einer Frau zu lieben, oder eines Tages zu gehen, ohne den Boden zu berühren. Aber am meisten träumte er von einem absolut Fremden und von Schnee. Er erzählte auf solche Weise vom Schnee, dass ich mich hinreißen ließ, auf ihn neidisch zu sein. Warum konnte ich den Schnee nicht auf solche Weise betrachten?

Ich werde dich besuchen, sagte er beim Gehen, wir werden uns eine Schneeballschlacht liefern, Klar, können wir machen, sagte ich, es war das Traurigste, was ich je gehört hatte, warum weiß ich nicht.

Edgar kam mich nie besuchen, ich glaube auch nicht, dass er je die Stadt verlassen hat.

Ich wiederum dachte nie wieder über Schnee nach. Nur wenn die Kälte meine Nase berührte, war es so, als bräch-te sie immer den Geruch von Gras mit sich, das war alles. Wie ich Gefühle in Worte fassen konnte, wusste ich immer noch nicht.

Überall um mich herum ist nun Schnee. Manche schlittern von oben nach unten, nicht weit davon eine Gruppe, die sich mit Schneebällen bewirft, jede Bewegung von Schreien und Rufen begleitet. Wir sitzen ein wenig abseits, Schnee in den Händen, spielen damit, schlagen Zeit tot. Ah, schau mal, sagte mein Freund, mit seinem Finger auf meinen Schneeball zeigend, Er sieht aus wie ein Menschengesicht, die Augen, der Mund – alles gleich. Ich schaue auf meinen Schneeball, auf die lange, dünne Nase, auf die zu einem Lächeln oder einer Grimasse verzogenen Lippen, er schaut mich an, wir kennen uns, jetzt habe ich endlich eine Antwort, Schnee zu berühren fühlt sich scheiße an, Ja, bekräftige ich, genau, und schmeiße ihn auf den Boden.

4

Ein paar Häuser weiter

Eine Tagträumerin warst du als Kind, sagte er. Jedes Kind träumt vor sich hin, aber du tatest nichts anderes. Malen konntest du auch gut, warum du da nicht drangeblieben bist, weiß ich nicht. Wann bist du zurückgekommen? Letzten Monat. Hast du dich schon eingerichtet? Naja, sagte ich, es gibt noch viel zu tun. Wie lange bleibst du? Weiß ich noch nicht. Schau mal, sagte er, du wolltest schon immer reisen, und du bist gereist, wie du es wolltest. Schon als Kind hast du nur das gemacht, was du dir in den Kopf gesetzt hast. Du warst so stur!

Die Straße füllte sich. Menschen kamen von der Arbeit, gingen, die Füße hinter sich her schleppend, nach Hause, als ob Gehen ihren Körpern ein Ding der Unmöglichkeit wäre. Sie tauchten im Licht der untergehenden Sonne auf, dann verschwanden sie wieder. Sie schauten nicht auf ihre Umgebung, auch nicht auf uns. Sie schauten nicht, aber würden sie schauen, was würden sie dann sehen, fragte ich mich. Wir gehörten nicht zu den Menschen, denen man ihr Alter nicht ansah. Ganz gesund waren wir auch nicht. Wir sahen angegriffen aus, wie ein Segeltuch, das zu lange in der Sonne gelegen hatte, wir trugen sämtliche Spuren eines Lebens, in dem man nicht auf sich geachtet hatte.

Wenigstens war sein Blick jung. Sein zerfurchtes Gesicht blickte durch die langen grauen Haare hindurch, beobachtete die Umgebung. Ich denke nicht, dass ich mich für die Leute interessierte, die vorübergingen, warum sie so gingen, wie sie gingen, und warum sie so redeten, wie sie redeten. Meine Augen. Wozu brauchte ich sie.

Er rückte seinen Stuhl in die Sonne, rutschte mit dem Gesäß ein wenig vor und lehnte sich zurück, legte die Hände auf seinen Bauch und strich darüber, er räusperte sich, als wollte er etwas sagen, sagte aber nichts.

Immer, wenn ich in die Stadt kam, trafen wir uns und erzählten einander, was wir, während wir uns nicht gesehen hatten, so gemacht haben. Es wurde nicht gefragt, wie geht es dir, sondern, was hast du gemacht. So, als ob der Mensch nur in Bewegung von Bedeutung sei. Danach wurde über die alten Zeiten geredet.

Ich kannte ihn seit meiner Kindheit. Er war aus demselben Dorf wie mein Vater. Über mehrere Ecken war er auch mit meiner Mutter verwandt. Seiner langen, schwarzen Haare und seiner dichten Augenbrauen wegen, die einen scharfen Kontrast zu seiner schneeweißen Haut bildeten, nannte meine Großmutter ihn Kara, den Schwarzen. Und ich nannte ihn auch so.

Damals hatte er Jura studiert. Er hatte Bestnoten, als er zugelassen wurde, aber er brauchte Jahre, bis er abschloss. Ab und zu kam er mit vollen Taschen zu uns und wusch seine Klamotten. Die meiste Zeit bei uns verbrachte er am Esstisch und im Badezimmer. Ungeduldig wartete ich an der Badtür, um ihm alles zu erzählen, was ich gemacht hatte, während er nicht da war. Karas Besuche waren Fluchten aus den eintönigen Tagen meiner Kindheit. Es war, als teilten wir ein Geheimnis, von dessen Existenz nur wir wussten.

Auch wenn seine Noten weniger gut waren, hatte auch mein Vater einen Studienplatz für Jura bekommen. Er hatte vier Semester vor ihm angefangen, heiratete, noch bevor er abgeschlossen hatte, blieb in Istanbul und holte seine Eltern zu sich. Manchmal sprach er davon, wie schwer es gewesen war zu studieren, als sich linke und rechte Studenten Kämpfe lieferten; dass er Istanbul nicht mochte und überhaupt, was haben wir hier zu suchen, dann aber schaute er auf mich und meinen älteren Bruder, also mehr auf meinen Bruder, und sagte, das ist für euch, also lernt gut.

Mein Vater und ich besuchten ihn in seinen Junggesellenbuden, die jedes Jahr wechselten. So konnte mein Vater das Junggesellendasein genießen, dass er nicht hatte, und ich war die Absicherung für meine Mutter, dass sie nichts taten, außer sich zu betrinken. Der Tisch war reich gedeckt, und es wurde hitzig debattiert. Die Nacht endete mit einer Belehrung der ewigen Studenten durch meinen Vater, der im Berufsleben stand und Familienvater war. Immer schloss er mit den Worten, Um ehrlich zu sein, ihr habt großes Glück, ihr tragt keine Verantwortung. Was würde ich nicht alles machen, würden mir nicht so viele auf der Tasche liegen. Wann immer er das sagte, breitete sich ein eigenartiges Lächeln auf den Gesichtern derer aus, die am Tisch saßen, vor allem auf Karas Gesicht. Es ist ein Jammer, seufzte mein Vater auf dem Nachhauseweg.

Im Unterschied zu der Geschichte, wie mein Vater nach Istanbul kam, die wenig erzählenswert war, war Karas Geschichte es wert, wieder und wieder erzählt zu werden, vor allem, wenn er sie mit seinen eigenen Worten erzählte, sie wurde nie schal. Ich hatte sie schon so oft gehört, dass sie sich realer als meine eigenen Erinnerungen anfühlte und sich in mein Gedächtnis eingraviert hatte.

Aufgrund der politischen Situation kam er jahrelang nicht in die Aufnahmeprüfung. Die Rechten hatten den Ort, wo die Prüfungen stattfinden sollten, besetzt, und sie ließen Kara und die anderen nicht durch. Nachdem das eine ganze Zeit so ging, gab er auf und arbeitete wieder auf dem Feld, wofür er sich nicht interessierte und wofür er nicht gemacht war.

Als aber sein Vater ihn in jenem Jahr für einige Besorgungen genau am Prüfungstag in die Stadt schickte, nahm er das als ein Zeichen und beschloss, es noch einmal zu versuchen. Ganz egal, was daraus wird, sagte er zu sich.

Der Universitätseingang glich einem Schlachtfeld. Aus der Warteschlange wurden wahllos Menschen herausgezogen und brutal verprügelt, keiner machte den Mund auf. Was hatte ihm nur den Mut gegeben, sich einzureihen. Halt, rief einer hinter mir – wann immer er das erzählte, machte er hier eine Kunstpause –, ich schaute mich nicht um, sagte er, nach einer Weile schrie er wieder, bleib stehen. Ich konnte spüren, wie er sich mir näherte. Er packte mich an der Schulter und drehte mich zu sich. Dann hörte ich einen sagen, Lass ihn. Ich schaute nach der Stimme. Wir sahen uns in die Augen. Unser Yusuf. Wir saßen in der Mittelschule nebeneinander, ich beschützte ihn, weil er immer verprügelt wurde. Offensichtlich war er nun der Anführer dieser Bande. Yusuf befahl, Lass ihn, aber der Kerl hatte mich schon mit beiden Händen am Kragen gepackt. Lass ihn, sagte er noch mal, er ist einer von uns. Ich weiß nicht, ob der andere es glaubte, aber er ließ mich los und nahm sich stattdessen den Jungen hinter mir vor, Geschrei, Geschimpfe, aus Angst drehte ich mich nicht um, ohne zu wissen, was aus dem Jungen wurde, ging ich in die Prüfung. Als ich wieder herauskam, suchten meine Augen nach Yusuf. Selbst als ich schon in den Kleinbus eingestiegen war, hatte ich große Angst, dass mich jeden Moment jemand von hinten packen, sie über mich herfallen würden. Natürlich kam ich ohne die Einkäufe, die mir mein Vater aufgetragen hatte, ins Dorf zurück. Die Prügel, die ich bei der Prüfung nicht bekommen hatte, bekam ich Zuhause. So habe ich es nach Istanbul geschafft.

Damit endete seine Geschichte, aber wie jede andere hatte auch diese eine Moral. Was er einst Yusuf Gutes getan hatte, blieb nicht unvergolten, auch wenn sich Yusuf Jahre später dieser Bande angeschlossen hatte, hatte er das nicht vergessen, und so konnte er nach Istanbul kommen. Wäre Yusuf nicht dazwischengegangen, als er verprügelt werden sollte, würde er wahrscheinlich wie seine Geschwister noch immer den Acker pflügen.

Dieses Mal blieb er still. Dieses Mal erzählte er seine Geschichte nicht. Die Sonne ging unter, und ein Wind kam auf, der seine Haarsträhnen in alle Richtungen wehte. Vergeblich versuchte er, ein-zwei Strähnen zu bändigen. Seine Augen waren verschattet, sein Blick heftete sich an etwas, was mir verborgen blieb.

Sehnsüchtig wartete ich, dass er redete. Ich begann gerade ein wehmütiges Gefühl für die Vergangenheit zu entwickeln. Kein wehmütiges Gefühl, eher Interesse. Ich ertappte mich, wie ich mir ausmalte, wie ich nicht diesen, sondern einen anderen Weg genommen hätte. Er hingegen sprach von der Vergangenheit als genau den Weg, den er nehmen musste, um dahin, wo er heute war, zu gelangen. Als wäre alles so geschehen, damit er seinen heutigen Bewusstseinsstand erreichte. Ich dagegen hatte noch kein fertiges Bewusstsein erreicht, ich war zielloser und planloser als zu Beginn meiner Reise, stolperte mal hierhin, mal dahin. Wäre mein Bewusstsein ein Körper, könnte man sagen, er verlange nach etwas, aber da war nichts, wonach mir verlangte. Meine Wege führten in alle Richtungen.

Ich wünschte, dass er mit mir spräche, mir den Weg zeigte. Stattdessen fragte er, Wo wohnst du jetzt. Da war doch dieses Holzhaus, in dem du während deiner Unizeit gewohnt hast, gegenüber von der Schule, Ja, sagte er aufgeregt, Von diesem Haus ein paar Häuser weiter. Das ist eine gute Straße, sagte er, hielt kurz inne, Eine gute Straße, zwar ein bisschen laut, und ständig streitet irgendwer, ist das immer noch so, Ja, das ist immer noch so, sagte ich. Der Kiosk von Hasan im Erdgeschoss, gibt es den noch, Ja, den gibt es noch. Grüß ihn von mir, er ist ein guter Mensch, Das mache ich, sagte ich.

5

Eine Andere

Ich war sieben, acht Jahre alt, noch keine neun. Meine Oma hatte einen Nervenzusammenbruch, das hatte sie manchmal. Ich erinnere mich, dass ich sogar in diesem Alter manchmal dachte, dass sie nur so tat als ob. Vielleicht war es so, vielleicht auch nicht, sagte sie. Vielleicht war sie auch krank, aber wer wusste das schon in dieser Zeit. Ich bekam Angst, sagte sie, und rannte weg. Kennst du unsere Gegend? Ich antwortete mit einem Kopfschütteln. Es ist sehr bergig, es gibt keine flache Stelle, deshalb sehen die Häuser so aus, als ob sie abstürzen würden. Wie auch immer. Ich gab mich dem Bergrücken hin und rannte abwärts. Sie nahm ihr Haar zu einem Zopf zusammen, wickelte es sich um den Finger, ließ es los, so dass ihr Haar in Locken auf ihre Schultern fiel, Ich entfernte mich sehr weit, sagte sie, als ich anhielt und zu mir kam, wusste ich nicht, wo ich war, ich fand das Haus nicht mehr und lief ziellos umher. Später wurde es natürlich dunkel, ich kann dir nicht sagen, wie sehr ich Angst hatte. Irgendwo weinte ich mich in den Schlaf. Als sie mich fanden, war ich nass, ich hatte mir in die Hosen gemacht, daran erinnere ich mich nicht mehr. Sie brachten mich nach Hause. Meine Mutter wusch mich. Ob sie mich schlug oder wusch war nicht zu unterscheiden. Es änderte sich natürlich nichts, sagte sie, meine Oma hatte weiterhin Nervenzusammenbrüche. Aber es war so, als ob ich nun eine Andere war, verstehst du das? Ich antwortete mit einem Kopfnicken.

6

Huhn und Küken

Mein Vater konnte keinem Huhn den Hals umdrehen, aber er war so sehr im Frieden mit dem Tod, dass er meinem Bruder geradeheraus sagen konnte, was mit einem verletzten Küken passieren würde.

Wenn wir auf dem Markt ein Huhn gekauft hatten, setzte sich meine Oma mit ihrem kerzengeraden Rücken und ihrem aufrechten Kinn auf die Türschwelle, machte sich älter als sie war, indem sie einen Buckel vortäuschte und ihr Kinn nach vorne streckte, und hielt vorbeigehende Männer an. Mein Sohn, bist du Muslim, fragte sie. Die Antwort war immer, Ja. Viel langsamer als nötig stand sie auf, erzählte, dass sie ein Huhn vom Markt gekauft hätte, aber als Frau allein das Huhn nicht schlachten könne, und bat den Mann herein. Dabei erwähnte sie ihren Sohn mit keinem Wort, während sie ihn sonst für alles pries. Bis der Kerl das Huhn geschlachtet hatte überschüttete sie ihn mit Lobeshymnen, sobald er ging, jammerte sie, Wir sind auf die Hilfe Fremder angewiesen, ein Mann, der kein Huhn schlachten kann, wo gibt es denn so was. Ohne mir ihr Gesicht zuzuwenden, sagte sie, Wie auch immer, werde du erst einmal groß, und fing an, das Huhn zu rupfen.

Wie alles, was sie tat, tat sie auch das, als ob sie auf einer Bühne stände, vor Hunderten von Zuschauern.

Auf dem Markt wurden auch Küken verkauft. Sie streckten ihre Schnäbel aus den Löchern in ihren Kisten und gaben unwiderstehliche Laute von sich. Es gab auch bunte Küken. Leuchtend pink, grün, blau. Meine Mutter behauptete, dass sie nie groß werden und als Küken sterben würden, weil sie angemalt waren.

Kinder umringten die bunten ausgestellten Küken und versuchten mit Quengeln ihre Mütter davon zu überzeugen, eines der Küken zu kaufen. Das Tschilpen der Küken, das sich mit dem Geschrei der Kinder mischte, machte diese Ecke zur lautesten des Marktes. Meine Mutter prahlte vor den Nachbarn damit, dass wir weder um die bunten Küken noch um irgend etwas anderes, was die Aufmerksamkeit der Kinder erregte, bettelten, Unsere sagen nicht überall, Ich will dieses, Ich will jenes.

Ich hatte ohnehin nicht vor, um ein Küken zu bitten. Ich interessierte mich nicht für sie, auch nicht für Hühner. Ich wollte bis zu dem Tag, an dem ich sie töten musste, keine Beziehung zu ihnen aufbauen. Auf meinen Vater hingegen war ich sauer. Wenn er wie ein Mann Hühner schlachten könnte, müsste ich diese Aufgabe niemals übernehmen.

Als mein Bruder aus Versehen auf dem Markt einem eingefärbten Küken das Bein brach, war er vier Jahre alt und ich neun. Als sie vom Markt kamen, erzählte meine Mutter meinem Vater, was passiert war, dass der Marktverkäufer auch noch Geld von ihr wollte, dass sie ihn aber beschimpft habe, weil er das Küken unbeaufsichtigt gelassen hatte. Mein Bruder saß reglos da. Irgendwann fragte er meinen Vater, Was werden sie mit ihm machen? Mein Vater antwortete, Sie töten es wahrscheinlich. Ich wusste, dass das passieren konnte. Aber die ruhige direkte Art, in der er das sagte, war mir unheimlicher als der Tod selbst. Mein Bruder gab keinen Laut von sich, riss die Augen auf und blieb so mit geöffnetem Mund sitzen, bis meine Mutter uns zum Essen rief. Vielleicht hatte er Angst zu weinen. Weinen wurde, wie das Betteln auf dem Markt, nicht besonders gern gesehen.

7

Dann halt nicht

»Alles erzählt man nicht,
denn Alles ist ein hohles Nichts.«

Clarice Lispector,
Der Große Augenblick (S. 76)

Derya hatte eine neue Wohnung gemietet. Sie fragte um Hilfe beim Streichen. Die Wände des Schlafzimmers sind komplett schwarz, sagte sie am Telefon, sie fressen sicher drei Lagen Farbe.

Am nächsten Tag trafen wir uns in ihrer Wohnung. Derya, ich, Orhan und Ekin.

Orhan und Ekin machten sich ans Schlafzimmer. Derya und ich ans Wohnzimmer. Sie brachte die Farbe auf, und ich kümmerte mich um den Streifen an der Decke und am Boden. Als Orhan und Ekin im Schlafzimmer die erste Lage Farbe über das Schwarz gestrichen hatten und sich in der Küche und im Badezimmer zu schaffen machten, machte ich dort das Gleiche.

Nachdem die erste Lage fertig war, hatte die Wand im Schlafzimmer ein hässliches Grau angenommen, die anderen Wände schienen, als ob es mit einer weiteren Lage getan wäre. Die vom Dreck gelbstichig gewordene Decke stach jetzt über den weißen Wänden schmerzhaft ins Auge, aber keiner bot an, sie zu streichen.

Es wäre gut, wenn wir ein bisschen schwarze Farbe hätten, sagte Orhan, das Schneeweiß blendet die Augen, soll ich welche besorgen? Das wäre gut, stimmte Derya zu, wenn wir ein, zwei Tropfen zu der zweiten Lage hinzufügen, bricht es das blendende Weiß. Dann kaufe ich auch Bier, wir nickten grinsend.

Wir hatten die Fenster geöffnet, die Ventilatoren angeschaltet und warteten darauf, dass die erste Lage trocknete. Orhan kam mit der Farbe und Bier zurück. Wir mischten etwas Schwarz in die weiße Farbe und probierten es an der Wand aus. Wir waren alle der Meinung, dass es so besser aussah.

Wir öffneten die erste Runde Bier. Mit dem ersten Schluck überkam uns die Müdigkeit, wir sanken alle noch ein bisschen tiefer auf unseren Stühle. Wir schwiegen. Eine lange Zeit. Später sagte Orhan, Bald streichen wir dann meine neue Wohnung, Ziehst du um, fragte ich. Der Vermieter, sagte er, hat mitbekommen, wie die Mieten bei uns gestiegen sind und sagt mir, ich solle ausziehen. Wenn ich mich damit herumschlagen will, kann es Jahre dauern, bis er mich rausschmeißen kann, aber der Kerl steht jeden Tag vor meiner Tür und nervt mich. Er machte eine Pause. Ist es nicht besser, gleich ganz zu gehen, wenn man schon aus der Wohnung zieht? Die Frage war an niemanden gerichtet. Sie hing an der schmutziggelben Decke. Wohin würdest du gehen, fragte Derya, Weiß ich nicht, ich hab' das halt so dahin gesagt, oder, wer weiß, vielleicht auch nicht, vielleicht wäre es keine so schlechte Sache. Seit ich Orhan kenne, wohnt er in derselben Wohnung, arbeitet am selben Ort. Es war, als ob wir als Gäste in sein Leben traten, während er sich schon lange darin niedergelassen hatte. Es war unmöglich mit ihm spazieren zu gehen, es gab keinen Menschen, der nicht stehenblieb, um ein paar Worte mit ihm zu wechseln, ich war mir sicher, dass Orhan bleiben würde, auch wenn wir alle gegangen wären. Hier ist es ohnehin voll geworden, es ist nicht mehr wie früher, sagte er, was weiß ich, ich habe es satt, Wir werden streichen, sagte Ekin, wir schauten überrascht auf, also deine Wohnung, wenn du umziehst.

Wir schwiegen. Eine lange Zeit. Wir kannten uns gut genug, um nicht miteinander reden zu müssen. Aber diese Stille war anders.

Derya richtete sich auf, berührte die Wand, Es ist trocken, sagte sie, wir standen auf. Dieses Mal trug ich die Farbe auf und Derya kümmerte sich um die Übergänge. Wir erledigten so das Wohnzimmer und den Flur, Orhan und Ekin das Schlafzimmer, die Küche und das Bad. Als auch die zweite Lage aufgetragen war, begutachteten wir die Wand des Schlafzimmers, hoffnungslos. Die Farbe war noch immer ein schreckliches Grau. Wer streicht sein Schlafzimmer auch schwarz, sagte Derya, verärgert.

Wir sanken auf die Stühle. Der Ventilator surrte. Ich wollte auch weg, aber ich wusste nicht, wohin, sagte Derya, als ob nicht Stunden vergangen waren, ich bin so viel herumgereist. Ich bin fünfundreißig Jahre alt, nirgendwo bin ich lange geblieben, und bemühte mich nicht, Kontakt zu den Orten zu halten, die ich verließ. Wenn ich morgen gehen würde, hätte ich niemanden, ich bin auch nicht mehr jung, Menschen interessieren mich nicht. Sie hielt inne. Einmal hätte ich fast geheiratet, sagte sie, aber ich bereue es nicht, ach was weiß ich. Das Problem ist, sagte Orhan, wo würden wir hingehen, wenn wir gehen würden?

Ekin stand auf, schaltete das Licht an, erst da merkte ich, dass es dunkel geworden war. Es sind nur vier bis fünf Stunden vergangen, aber ich fühle mich, als ob wir vier seit Tagen nichts anderes machten, als zu streichen. Es ist noch nicht trocken, rief er vom Schlafzimmer. Ekin glaubte nicht an Worte, das unterschied ihn von anderen. Er fand sie sperrig und er achtete sehr darauf, dass zwischen seinen Gefühlen und seinen Worten keine Beziehung hergestellt werden konnte, sobald sich die Unterhaltung über alltägliches Geplänkel hinausbewegte zog er sich in sich zurück. Er musste sich in diesem Moment sehr unwohl fühlen. Er würde nicht gehen, bevor die Wohnung fertig gestrichen war, aber er bemühte sich, jede unserer Unterhaltungen zu überhören. Er drehte sich um, fragte, Soll ich Musik auflegen, Okay, sagten wir.

Was sollen wir machen, sagte Orhan. Wir schauten uns an. Sollen wir ein Kind machen, sagte er, lachte, wir lachten auch. Ich wurde einmal schwanger, sagte ich, Und, fragte Derya, was ist dann passiert? Nichts, sagte ich, wäre ohnehin nichts geworden. Ich war nach Izmir gegangen, zu einer Versammlung. Nach der Versammlung fing mein Bauch an zu schmerzen. Wir gingen in eine Bar, tranken, ich fing an mich zu übergeben, und schwitzte kalten Schweiß. Sie dachten, ich wäre betrunken und wollten mich zum Hotel bringen, aber auf dem Weg verschlechterte sich mein Zustand und wir gingen ins Krankenhaus. Für Stunden verstanden sie nicht, was los war. Warum erzählte ich das? Und, sagte Derya und lehnte sich zu mir, als ob ich ihr gleich ein Geheimnis verraten würde. Endlich sagte ein junger Arzt, Sie sind schwanger, eine Bauchhöhlenschwangerschaft, er verwendete einen anderen Begriff, aber ich erinnere mich gerade nicht an ihn. Sie vergiften, sagte er, wir müssen sie operieren, sonst sterben Sie. Ekin rutschte unbehaglich auf seinem Platz. Es passierte so plötzlich, ich wusste nicht, was ich sagen sollte. Das Einzige, an das ich mich von der Operation erinnere, ist der Blick des Krankenpflegers auf meine Brüste, als sie mich aufdeckten. Als ich von dem Ereignis erzählte, das ich nie dachte in Worte fassen zu können, wurde mir eher schwerer ums Herz als leichter, dennoch konnte ich nicht aufhören zu erzählen. Wie eine Krankheit. Ich hatte sie nun. Der Arzt weckte mich mit einer Ohrfeige, sagte ich, er zeigte mir das Baby in einem Glas, Hier ist es, das kam heraus, sagte er. Dann fuhren wir mit der Liege einen langen Flur entlang, über mir flackerten die Lichter. Als wir an meinem Zimmer ankamen, hatte ich so große Schmerzen, dass ich bewusstlos wurde.

Ekin stand auf, ging ins Schlafzimmer, rief, Es hat wieder nicht abgedeckt, Derya eilte hinter ihm her, dann kamen sie zurück, Lass uns noch eine Lage darüberstreichen, dann reicht es, sagte Derya, wenn es dann nicht deckt, dann halt nicht.

8

Makellos

Es ist immer das Gleiche, ich weiß nicht warum, sobald ich denke, wir verstehen uns super, ist es aus. So ist es auch mit meinen Freunden, es ist, als ob alle vor mir weglaufen.

Vielleicht liegt das Problem bei dir, sagte ich. Sie runzelte ihre Stirn, Was willst du damit sagen? Vielleicht gehst du ihnen auf die Nerven. Das verstehe ich nicht, du kannst ganz offen reden, sagte sie, angespannt. Warum habe ich nur den Mund aufgemacht. Einerseits wollte ich das jetzt durchziehen. Wollte, dass alles offengelegt wird. Aber das bedeutete, dass es nun kein Zurück mehr gab, nur, ich wollte diese Verantwortung nicht übernehmen, ich redete so lange um den heißen Brei herum, dass nichts, was ich sagte, Sinn ergab. Hätte ich doch nie damit angefangen, dachte ich. Das ging schon lange so. Das um den heißen Brei Herumreden. Seit ich nichts mehr zu sagen hatte, redete ich ohne Unterlass. Dieses Mal war die Situation eine andere. Ich hatte etwas zu sagen. Aber anstatt aus meinem Mund zu kommen, drehten die Worte in meinem Inneren Runden, und ich gab nur sinnlose Töne von mir. Das Telefon eilte mir zur Hilfe. Wenn ich noch länger herumgedruckst hätte, hätten die Worte letzten Endes aufbegehrt und wären aus mir herausgesprudelt, und ich hätte ihr dann hingeknallt, dass sie aufhören sollte, Gründe bei anderen zu finden, um ihre Einsamkeit zu erklären, dass Leute es nicht leiden konnten, wenn man ihnen ihre Makel aufs Butterbrot schmierte, und dass die Unterhaltungen mit ihr fade und trocken seien.

Einen Moment dachte ich darüber nach, was passieren würde, wenn ich all das sagen würde. Ihr würden auf jeden Fall die Gesichtszüge entgleisen, die Kinnlade würde ihr herunterfallen, sie wäre den Tränen nahe, würde dann unheimlich wütend werden und mich beschuldigen. Ohne Zweifel wäre es so.

Ich rufe wegen der Anzeige an, sagte die Stimme aufgeregt. Wer war ich schon, was machte mich glauben, dass ich sanftmütiger, netter war als sie? Einmal hatte ich ohne Grund einfach einen Streit angefangen und mich danach aus der Verantwortung gezogen. Einen, der mich jahrelang geliebt hat, habe ich mit voller Absicht leiden lassen. Und das ist nur das, an was ich mich erinnern kann. Was löschen wir nicht alles aus unserem Gedächtnis, um ein reines Gewissen zu haben. Welche Anzeige, fragte ich. Die Vier-Zimmer-Wohnung, hundertvierzig Quadratmeter. Ja, sagte ich, sie hat Parkettboden, die Küche und das Bad wurden neu renoviert, das Gebäude ist alt, aber die Wohnung ist komplett neu. Da wurde es mir plötzlich klar. Es war nicht so, dass die Leute nicht in ihrer Nähe sein wollten, weil sie bei jedem einen Makel fand und alles, was sie sagte, einen säuerlichen Nachgeschmack hatte. Vielleicht war das ein Grund. Aber der eigentliche Grund war ihre Zufriedenheit mit sich selbst. Ihr unbegrenztes Selbstvertrauen und die Erfolge, die dazu führten. Im Gegensatz zu mir versank sie nicht im Selbstmitleid, wenn sie allein war, und ohne Zweifel machte sie das in ihren Augen nicht klein. Sie war zufrieden mit dem, was sie im Spiegel sah und dachte, dass auch die anderen sie so sahen. Sie würde nie einfach so einen Streit anfangen, und wenn doch, würde sie sich nicht aus der Verantwortung ziehen, so ehrlich war sie. Sie war schön, klug und erfolgreich. Aber nicht so klug, dass sie die älteste Wahrheit der Welt kannte. Menschen liebten die Makel an den anderen, sie brachten sie näher zusammen. Sie mieden die Makellosigkeit wie die Pest. Ach, so ist das, wir wollten eine unrenovierte Wohnung, wir wollten alles selbst machen, das ist unsere Nummer, falls in demselben Viertel solch eine Wohnung frei wird, Natürlich, antwortete ich, dann melde ich mich, Danke, einen schönen Abend.

Sie sind wahrscheinlich verlobt, überlegte ich mir. Drei Schlafzimmer. Beim Thema Kinder sind sie sich einig. Sie scheinen sich sicher zu sein, dass sie bei der Einrichtung denselben Geschmack haben, demnach werden sie nicht eines von den Paaren sein, die ein Extrazimmer brauchen, um sich aus dem Weg zu gehen, möglichst eng beieinander. Das dritte Schlafzimmer wird sicher das Gästezimmer, bis das zweite Kind kommt. Nacheinander werden die Mütter kommen, um sich um das Kind zu kümmern. Was werden sie streiten, während sie die Wohnung renovieren. Sie werden merken, dass sie sich doch nicht bei allem einig sind, und ihre Bewunderung füreinander wird schwinden, vielleicht lösen sie sogar die Verlobung. Was soll's, was geht mich das an, sagte ich zu mir selbst und schüttelte es ab.

Ist nichts daraus geworden, fragte sie, Nein, sie suchen wohl eine Wohnung, die sie selbst renovieren können, sie wollen sie nach ihrem eigenen Geschmack einrichten, sagte ich herablassend. Sie sind wahrscheinlich verlobt oder gerade frisch verheiratet. Sie haben recht, sagte sie, sie beginnen ein neues Leben, da soll alles nach ihren eigenen Vorstellungen sein. Ich spürte, dass sich eine grundlose Wut in meinem Körper ausbreitete, Dass sie beide denselben Geschmack haben, ist unmöglich, oder sagen wir, es wäre so, ihrer beider Geschmack kann nicht perfekt sein, okay, auch das könnte so sein, wolltest du etwa Gast in einer makellosen Wohnung sein? Kannst du auf einem makellosen Sofa deine Beine übereinanderschlagen? Kannst du dort auf den Teppich treten? Sie werden mit der Zeit vereinsamen, sagte ich, ich wusste nicht, woher das alles kam. Ich habe nicht von Makellosigkeit gesprochen, sondern von Geschmack, sagte sie. Wir schauten uns an.

9

Davon müssen wir niemandem erzählen, oder?

Der Boden ist voller Milch. Sie versucht, nicht in die Milch zu treten. Es ist unmöglich. Überall Milch. Was in der Nacht passiert ist. Sie erinnert sich nicht. Sie erinnert sich nicht, wem was passiert ist. Wie sie nach Hause gekommen ist. Mit wem. Keine Erinnerung.

Sie geht durch den Flur. Das Weiche der Milch an ihren Füßen fühlt sich gut an. Im kleinen Zimmer liegen zwei Menschen, ihre Körper ineinander verschlungen. Im dunklen Zimmer kann sie nicht erkennen, wer sie sind. Es riecht nach verbrauchter Luft. Im Wohnzimmer, auf dem Sofa, liegt einer. Die Haare nach hinten gestrichen und aus einem Arm ein Kissen geformt. Der andere hängt nach unten. Eine weitere Person liegt auf dem Boden, in der Milch, nackt. Sie schaut sie lange aufmerksam an. Weder Frau noch Mann. Gleicht einem Menschen. Aber auch nicht ganz. Die Haut ist fast durchsichtig, eins mit der Milch geworden.

Die Vorhänge sind bis zum Anschlag auf, sie zieht sie zu. Setzt sich auf den Sessel. Schaut auf das Wesen in der Milch. Sie versucht sich daran zu erinnern, was passiert war. Sie kann sich nicht erinnern. Sie geht in die Küche, im Spülbecken eine Katze, das Spülbecken voll Milch. Nur der schwarze Kopf der Katze ist zu sehen. Sie erinnert sich nicht, was in der Nacht passiert ist, aber sie ist in jemanden verliebt, da ist sie sich sicher.

Sie wachte auf. Die Decke gelb. Sie schaute auf ihren Körper. Er war nackt. Zwischen ihren Beinen nass. Ein bodenloser Brunnen. Sie schaute auf den Mann neben ihr. Nackt. Verbrauchte Luft. Sie wusste nicht, wo sie war, aber sie wusste, sie war an einem Ort, an dem sie nicht sein wollte. Da wachte auch der Mann auf. Ohne sich anzuschauen, zogen sie sich an. Davon müssen wir niemandem erzählen, oder, sagte der Mann, wie konnte sie von etwas erzählen, an das sie sich nicht erinnerte, Nein, sagte sie, müssen wir nicht. Sie schaute auf die Uhr, sie war spät dran, sie würde sich Sorgen machen, sie wollte nicht, dass sie sich Sorgen machte, aber eigentlich wollte sie nichts mehr als das.

Als sie zu Hause ankommt, greift sie zum Telefon, es klingelt nur kurz. Das hieß, dass die Frau ihre Stimme hören wollte, glaubte sie. Sie sagte, Hallo, und die Frau, Wo warst du? Sie zögert, wenn es etwas wäre, das man erzählen könnte, würde sie es erzählen, alles würde sie ihr erzählen, das würde sie zu einem besseren Menschen machen, Fünf Bier und eine Packung Zigaretten, sagt sie stattdessen.

Sie hat nie gesehen, wie sie den Telefonhörer abnimmt, ob die Finger, die nach dem Telefon greifen, lang sind, ob ihr Handgelenk so dünn ist, dass es so wirkt, als ob es nur schwer den Hörer anheben könnte, ob sich auf ihrem Gesicht ein Lächeln zeigt, wenn sie ihre Nummer sieht, ob sie manchmal grundlos an sie dachte, sie wusste es nicht. Die Frau musste sicher einen Makel haben, bildete sie sich ein. Vielleicht war eines ihrer Augenlider leicht nach unten gezogen, vielleicht verzog sich ihre Lippe unabsichtlich zu einer Seite, vielleicht hatte sie einen dicken Bauch, zu ihrem sicher schlanken Körper. Eine tiefe Narbe. Ein tiefschwarzes Muttermal. Sie musste etwas haben, das sie von allen unterschied.

Sie schließt die Vorhänge, setzt sich in den Sessel, öffnet das erste Bier, betrachtet den auf dem Boden liegenden Körper, nimmt einen Schluck. Davon muss niemandem erzählt werden.

10

Die Eule mit den blauen Augen

Ich frage mich immer noch, was ich für ein Leben gehabt hätte, hätte ich die Eule mit den blauen Augen nicht kennen gelernt. Damals war ich jung, es gab Dinge, die ich nicht wusste.

Ich erinnere mich, dass ich meine Augen nicht von ihr abwenden konnte, als sie an meinen Tisch kam. Sie ließ ihre Blicke umherwandern, drehte sich zu mir, blinzelte hinter ihren langen Wimpern mit ihren Augen, ließ dann wieder ihre Blicke umherwandern. Das war vor vielen Jahren.

Ab da verbrachte ich jeden Moment mit der Eule mit den blauen Augen. Ihr Schweigen sagte mir, dass sie ihre eigenen Schlüsse zog, welche das waren, fragte ich nicht.

Hatte sie Hunger, starrte sie ins Leere. Es war nie sicher, was sie essen würde. Manchmal war es Milch, manchmal Whiskey, manchmal jemandes Selbstbewusstsein, was immer es war, ich brachte es ihr.

Gefiel ihr etwas nicht, drehte sie ihren Kopf um hundertachtzig Grad und wurde noch schweigsamer. Das wollte ich unbedingt vermeiden. Deswegen hörte ich auf zu lachen, zu essen und auf den Balkon zu gehen.

Manchmal verschwand sie. Damit sie mich an derselben Stelle fand, an der sie mich verlassen hatte, wartete ich, ohne mich zu bewegen. Wenn sie wiederkam, betrachtete sie mich erst aus der Distanz, näherte sich in kleinen Sprüngen, schaute, und entfernte sich wieder, rückwärts.

Vielleicht wäre es ewig so weitergegangen, wenn sie nicht an jenem Tag, mit ihrer Beute in den Krallen, in mein Zimmer gekommen wäre. Sie ließ sie neben mich in mein Bett fallen. Sie blickte mich an, dann die Beute, dann wieder mich, blinzelte. Sie muss gewusst haben, was für eine große Sache sie von mir verlangte, da sie sich zum ersten Mal auf meiner Schulter niederließ. Ich erschrak, als ob ich aus tiefem Schlaf aufgeweckt worden wäre. Als ich aus dem Zimmer ging, spürte ich die Blicke der Eule mit den blauen Augen. Das war das letzte Mal, dass ich sie sah.

Seitdem sind Jahre vergangen. Manchmal spüre ich noch immer ihre Blicke. Ich habe keine Ahnung, wie sie das macht.

11

Die Invasion der Gürtel

An einem Dienstag brach außerhalb der Stadt ein großer Lärm los, manche sagten, es käme vom Nordosten, manche, vom Nordwesten, und die Stadt wurde unter Gürteln begraben. Einen traf eine Gürtelschnalle am Auge, das war alles, niemandem sonst passierte etwas, als es die Gürtel regnete. Ein Wunder, sagten manche, der Anfang vom Ende, sagten andere.

Die Gürtel, die überall verstreut herumlagen, brachten das Leben genau eine Woche zum Stillstand. Die Gebäude waren in Gürteltürme verwandelt worden, und ihr Inneres war in ein unerträgliches Dunkel getaucht. Manche fanden, dass die unterschiedlichen Gürtel die monotone Architektur der Stadt verschönerten, es gab sogar solche, die so weit gingen zu sagen, dass sie als kulturelles Erbe geschützt werden müssten. Es überwogen aber jene, die die Gürtel als eine Bedrohung für die Stadt ansahen.

Am ersten Tag, nachdem die Gürtel vom Himmel gefallen waren, war der erste Schock überwunden, und die Union zur Bekämpfung der Gürtel wurde gegründet. Die Union wurde in zwei Abteilungen geteilt. Die erste war ein Team aus erfahrenen, furchtlosen Strafverfolgern. Sie widmete sich Tag und Nacht der Aufgabe, herauszufinden, woher der Gürtelregen kam und wer ihn veranlasst hatte, um einen weiteren Gürtelangriff zu verhindern. Die zweite bestand aus Arbeitern der Stadt, die damit beauftragt waren, die Gürtel wegzuschaffen. Ein Ort im Osten der Stadt wurde bestimmt, nach und nach stapelten sich dort die Gürtel.

Am zweiten Tag wurde eine Maßnahme ergriffen, die von vielen als übertrieben angesehen wurde. Es war verboten, die Gürtel zu berühren. Dadurch konnte niemand mehr das Haus verlassen. Die Bewohner der Stadt lauschten verängstigt dem Getöse der vom Wind gegeneinanderschlagenden Gürtelschnallen.

Genau eine Woche nach dem Ereignis waren alle Gürtel weggeschafft. Der Schatten des von einem Stacheldrahtzaun umgebenen Gürtelberges lag über der Stadt.

Wer die Gürtel hatte regnen lassen, wurde jedoch nie herausgefunden. Eine Vermutung war furchterregender als die andere. Das Volk wurde gewarnt, dass die Gefahr noch nicht vorüber war und sich niemand nach draußen begeben sollte. Von den Neugierigen, die hinausgingen, hörte man nie wieder etwas.

12

Die kleine Toilette

Ich erinnere mich, dass ich es seltsam fand, dass sie zu dritt wohnten. Sie waren eigentlich in dem Alter, in dem jeder für sich einen eigenen Ort schafft. Alle drei wirkten wie normale Menschen. Aber mit der Zeit erkannte ich, dass nichts an ihnen normal war.

Selen hatte nichts, was man normalerweise mit einer Frau assoziierte. Sie war kalt, nach innen gekehrt und nicht sehr gesprächig. Sie hatte keine Probleme, wenn doch, erzählte sie nichts davon, jedoch hatte sich auf ihrem Gesicht ein Ausdruck von allgemeiner Unzufriedenheit mit dem Leben festgesetzt. Für Monate schliefen wir miteinander, unterhielten uns auch. Dennoch glaube ich nicht, dass ich etwas über sie weiß.

Onur war noch schweigsamer als sie. Er stand jeden Morgen zur selben Zeit auf, ging laufen, kam nach Hause, aß sein Frühstück, das aus Omelette und Milch bestand, ging zur Arbeit. Wenn er zurückkam, spielte er je nach Tagesprogramm Basketball oder Fußball, duschte, schloss sich in seinem Zimmer ein und schaute Serien. Ich habe kaum einmal gesehen, dass er sich für etwas begeistert hätte, trotz der vielen Zeit, die ich in dieser Wohnung verbracht habe. Meine Vermutung war, dass allein Vögel ihn in Begeisterung versetzen konnten. In der Hand ein Fernglas, klopfte er beharrlich an unsere Tür, egal, was wir gerade machten, rief, Selen, komm, sie sind im Garten hinter dem Haus. Selen stand dann immer sofort auf und ging mit der gleichen Begeisterung ans Fenster.

Wie ich schon sagte, es waren seltsame Menschen, die anfangs normal wirkten, aber sie waren nicht so seltsam wie İnanç. İnanç ging niemals aus dem Haus. Zumindest habe ich es noch nie gesehen. Er wohnte in einem kleinen, dunklen Zimmer, das wahrscheinlich einmal als Abstellkammer gedacht war. Eigentlich sah ich ihn selten in seinem Zimmer. Es war, als ob die ganze Wohnung ihm gehörte, er nickte auf dem Sofa ein, arbeitete am Esstisch, aß ständig irgend etwas, schraubte an seinem Fahrrad herum, auf dem ich ihn niemals fahren sah; auch er sprach nicht, wenn es nicht unbedingt nötig war. Mit ihm fühlte ich mich am unbehaglichsten. Wenn ich ihn sah, stand ich immer nur da und wusste nicht, ob ich ihn grüßen sollte oder nicht. Auch er tat so, als ob er mich nicht sehen würde oder erachtete es nicht als wert genug, zu unterbrechen, was auch immer er tat, nur um mich zu grüßen.

Mit der Zeit merkte ich, dass sie nicht nur mir gegenüber so kühl waren. Auch untereinander wechselten sie nicht mehr als zwei bis drei alltägliche Sätze, so schafften sie es auf eine Art doch, allein in einer gemeinsamen Wohnung zu wohnen. Zu wissen, dass sie nicht nur die Wohngemeinschaft, sondern auch eine Freundschaft verband, die über die Wohngemeinschaft hinausging, verwirrte mich noch mehr und ließ mich annehmen, dass sie sich schon alles gesagt hatten, was sie zu sagen hatten. Es gab eine Verbindung zwischen ihnen, die jenseits der bekannten Kommunikationskanäle lag. Manchmal dachte ich sogar, dass sie alle drei irgend etwas, ich weiß nicht was, vielleicht einer Sekte, angehörten.

Entgegen all dieser Seltsamkeit gab es zwischen mir und Selen ein wortloses Einvernehmen, das ich mir schon lange mit einer anderen Person gewünscht hatte. Wir liebten uns, wenn es uns beiden passte, dafür trafen wir uns nicht bei mir, sondern bei ihr, und dass das, was wir hatten, in eine Liebesbeziehung münden würde, war noch unwahrscheinlicher, als dass wir uns mit einem, der uns auf der Straße begegnete, treffen würden. Diese Lockerheit führte dazu, dass ich, auch wenn ich sie und ihre Mitbewohner seltsam fand, in ihrer Wohnung ein und aus ging. Ich hätte nie gedacht, dass es so lange gehen würde.

Die meiste Zeit in der Wohnung verbrachte ich in Selens Zimmer. Es war der einzige Ort, an dem man rauchen durfte, und ich hatte nicht vor, zu ihren Mitbewohnern eine stärkere Verbindung aufzubauen. Bevor wir zu ihr nach Hause gingen, trafen wir uns und tranken etwas. Weil wir beide mit unseren Doktorarbeiten beschäftigt waren, drehten sich unsere Gespräche um die Arbeit oder das Unileben, persönliche Themen wurden nicht verschwiegen, es war nur so, dass wir nicht das Bedürfnis spürten, sie anzusprechen.

Wir kamen immer um Mitternacht nach Hause. İnanç war jedes Mal im Wohnzimmer, entweder auf dem Sofa mit seinem Computer auf dem Schoß oder am Tisch über seinen Computer gebeugt. Selen rief ihm vom Flur aus ein Hallo entgegen, als ob es verboten wäre, ins Wohnzimmer zu gehen, İnanç grummelte etwas zurück, das vage an einen Gruß erinnerte. Am Anfang machte ich das auch, aber als ich mit der Zeit feststellte, dass das nicht notwendig war, ging ich durch den langen Flur immer direkt in Selens Zimmer. In der ganzen Zeit, die ich in dieser Wohnung verbrachte, fällt mir heute auf, bin ich kein einziges Mal ins Wohnzimmer gegangen, dessen eine Wand voller Bücherregale war, in dem sich an einer anderen Wand ein langer Tisch befand, auf dem ein Plattenspieler, ein Fernseher und eine alte Schreibmaschine und auf dessen Fenstersimsen Blumen standen, um die sich, so stellte ich mir vor, Onur kümmerte.

Um diese Zeit war Onurs Licht immer an, und er verließ sein Zimmer nur, um auf die Toilette zu gehen. Wenn man sich die drei Bewohner wegdenkt, war es eigentlich eine friedliche, ruhige, schön eingerichtete Wohnung. Wenn man Selens unaufgeräumtes, unachtsam eingerichtetes Zimmer anschaute, hatte man das Gefühl, dass sie ihre Finger bei dem Rest der Wohnung nicht im Spiel hatte, ich rechnete es Onurs Geschicklichkeit zu.

Jener Tag unterschied sich nicht von den restlichen. Wir waren etwas trinken, kamen nach Hause, liebten uns. Danach zog ich mir etwas über, um zur Toilette zu gehen, und trat aus dem Zimmer. In der Toilette gegenüber dem Zimmer war das Licht an. Ich kehrte um, Was ist los, fragte Selen, Die Toilette ist besetzt, antwortete ich, İnanç hat sicher das Licht angelassen, schau im Wohnzimmer nach, wenn er dort ist, ist die Toilette frei. Ich schaute ins Wohnzimmer, İnanç war nicht da, ich ging zurück, Er ist nicht dort, sagte ich, Dann ist er wahrscheinlich auf der Toilette, sagte sie.

Ich wusste nicht, was ich machen sollte, setzte mich auf den Bettrand und wartete. Selen, meine Gegenwart schon lange vergessend, hatte ihre Brille aufgesetzt und angefangen, etwas zu lesen. Meine Ziellosigkeit in diesem Moment verstärkte mein Gefühl, in dieser Wohnung komplett überflüssig zu sein. Meine Routine in der Wohnung war gestört. Ich wäre angekommen, hätte mit

Selen geschlafen, wäre auf die Toilette gegangen und wäre eingeschlafen. Am nächsten Tag wären wir wie zwei Mitbewohner aufgewacht, und wären, einmal aus der Wohnung, unserer Wege gegangen. Ich öffnete die Tür einen Spalt, das Licht brannte immer noch, inzwischen musste ich dringend pinkeln. Da ich nicht wusste, was ich sonst machen sollte, lief ich im Zimmer umher. Verärgert fragte ich, Wie lebt ihr zu dritt mit nur einer Toilette, Weiß ich nicht, antwortete Selen, wir sind uns bis jetzt nie in die Quere gekommen. Außerdem gibt es zwei Toiletten. In diesem Moment spürte ich das unstillbare Bedürfnis, ihr an die Gurgel zu gehen. Ich winde mich hier seit Minuten, und ihr kommt nicht in den Sinn, mir von der zweiten Toilette zu erzählen, so ist das also? Beherrscht fragte ich, Wo? Neben der Wohnungstür, antwortete sie. Ich ging aus dem Zimmer und ging zur Toilette, die, von Staub überzogen, offensichtlich nie benutzt wurde. In diesem Moment passierte das, was alles in meinem Leben für immer verändern sollte. Ich blieb wie angewurzelt stehen. Alles, woran ich glaubte, was ich dachte, meine Entscheidungen, gerieten ins Wanken. Ich versuchte mich zu zwingen, aus der Toilette zu gehen, aber meine Hand bewegte sich nicht zur Tür. Als ich endlich, nach ich weiß nicht wie langer Zeit, herauskam, hatte sich alles verändert. Als ich ins Zimmer kam, schlief Selen schon tief und fest. Ich machte das Licht aus und legte mich neben sie. Aber ich musste die ganze Zeit daran denken, was dort passiert war, und konnte einfach nicht einschlafen.

Am nächsten Tag versuchte ich mich in der Uni vergeblich zu konzentrieren. Ich ging nach der Hälfte aus dem Seminar und gab mir selbst frei. Ich wanderte umher. Ohne Ziel. Es öffneten sich Orte vor mir, von deren Existenz ich nichts gewusst hatte, ich ging durch Gärten, deren Schönheit ich noch nie gesehen hatte. Es kamen ungefiltert Geräusche an mein Ohr. Die seltsamsten Geheimnisse der

Menschen, denen ich begegnete, klingelten in meinen Ohren. Ich weiß nicht, wie lange ich umherlief, es war dunkel, als ich nach Hause kam.

Die Regeln einer Verbindung, die keine Beziehung ist, sind strenger und klarer als die einer Beziehung. Mit Selen trafen wir uns höchstens zwei Mal die Woche, unsere Treffen wurden immer spontan verabredet, tagsüber riefen wir uns nie an. Ich wollte aber unbedingt wissen, ob die drei das Geheimnis der Toilette kannten, ich wusste nur nicht, wie ich das fragen konnte. Selen hatte mir ganz normal von der zweiten Toilette erzählt. Deshalb kam ich zu der Überzeugung, dass die Toilette ihr Geheimnis nur mir preisgegeben hatte. Gleichzeitig wollte ich sofort wieder dorthin, um sicher zu gehen, dass ich mir das nicht eingebildet hatte, und um es noch einmal zu hören. Ich rief sie also an, sie nahm den Anruf verwundert entgegen, ich fragte sie ohne Umschweife, Sollen wir uns heute Abend sehen, In Ordnung, antwortete sie lustlos, Ich komme direkt zu Dir, sagte ich, In Ordnung, sagte sie, wieder lustlos.

Was dann kam, war das selbe wie immer. Wohnung, İnanç im Wohnzimmer, Sex, und danach endlich Zeit, zur Toilette zu gehen. Eilig ging ich aus dem Zimmer. Ohne die andere Toilette zu beachten, ging ich direkt auf mein Ziel zu, spürte die Blicke İnançs auf mir und trat in die Toilette. Und. Ich hatte es mir nicht eingebildet, es war da. Ohne das Licht anzumachen, stand ich da. Ich empfing die Stimmen, die in meinem Kopf kreisten, herzlich, ich wurde ein Teil von ihnen. Was immer sie mir sagten, machte ich, es tat mir gut. Wie lange ich dort blieb, weiß ich nicht, als ich ins Zimmer zurückkam, schlief Selen in der Mitte des Betts, als ob sie meine Existenz vollständig vergessen hatte, ich quetschte mich an die Seite und starrte an die Wand.

So vergingen die Tage. Wir trafen uns nicht mehr draußen, der Sex dauerte so kurz wie möglich. Morgens ging ich, anstatt zur Arbeit, auf lange Spaziergänge und die Stadt belohnte mich, indem sie ihre größten Geheimnisse für mich lüftete.

Eines Tages sagte Selen am Telefon, Lass uns heute nicht treffen. Ich flehte sie an, sagte ihr, dass ich sie zwar anfangs noch nicht geliebt, mich nun aber in sie verliebt hätte, dass wir eine richtige Beziehung beginnen sollten, dass wir uns doch gut verständen, und noch viele solcher Lügen reihte ich aneinander. Ich konnte nicht riskieren, die Toilette aufgeben zu müssen. In Ordnung, sagte sie, ob aus Mitleid oder weil sie einer Meinung mit mir war, und so kam es, dass ich richtig mit ihr zusammenkam und fast jeden Tag in ihrer Wohnung ein und aus ging.

Ich spürte, dass İnanç und Onur diese Veränderung nicht sonderlich wohlwollend betrachteten. Es war so offensichtlich, dass man schon sehr beschränkt sein musste, um diese Wahrheit nicht zu sehen. Da unsere Frühstückszeit mit Onurs Frühstückszeit kollidierte, war es voll in der Küche und Onur lief wie ein nervöser Tiger hin und her, um uns herum und versuchte, die Herrschaft über den Küchentisch zurückzugewinnen.

Selen schien meine Abwesenheit, solange ich auf der Toilette war, nicht zu bemerken. Vor wem ich mehr Angst hatte, war İnanç. Er folgte mir jedes Mal mit seinen Blicken bis zur Toilettentür.

An jenem Tag schliefen wir nicht miteinander. Das war vielleicht mein größter Fehler. Weil wir jetzt ein Paar waren, dachte ich, dass es nicht mehr nötig war, jeden Tag miteinander zu schlafen, und nachdem ich im Bett ein wenig gelesen hatte, ging ich auf die Toilette. Kurze Zeit später hörte ich Selens Stimme, Hast du Doruk gesehen? Nein, sagte Onur. Die Stimme kam näher, Hast du Doruk gesehen? İnanç antwortete, Er ist auf der kleinen Toilette, was immer er dort macht, jede Nacht verbringt er dort Stunden. Selen klopfte zweimal gegen die Tür, Doruk? Ich gab keinen Ton von mir, ich war noch nicht bereit, hinauszugehen, ich brauchte noch ein wenig Zeit. Es wurde drei Mal an die Tür geklopft, Doruk? Er ist hier nicht, sagte Selen, Er ist dort, beharrte İnanç, ich habe ihn reingehen sehen. Es wurde wieder an die Tür geklopft, Bist du hier drin? Wenn ich in diesem Moment herausgekommen wäre, hätte ich die Situation mit einer Lüge vielleicht noch retten können, aber die Stimmen hielten mich vollkommen gefangen, sie verhießen, mir alles Wissen mitzuteilen, wenn ich noch ein wenig bleiben würde. Was ist passiert? Ich konnte Onurs näher kommende Schritte im Flur hören. İnanç sagt, dass Doruk hier auf der Toilette ist, aber man hört nichts und das Licht brennt nicht. Er ist da drinnen, wurde İnançs beharrende Stimme nun lauter. Ich konnte die Schatten der drei hinter der Tür sehen. Ich wartete. Vielleicht würden sie gehen. Aber was ging, waren die Stimmen. Sie waren verschwunden, ohne zu sagen, was sie zu sagen hatten. Ich öffnete die Tür, ich ging an den dreien vorbei und zog meine Schuhe an. Ich öffnete die Wohnungstür, als ich heraustrat, hörte ich hinter mir, wie Onur sagte, Ein seltsamer Mann, ich habe es dir gleich gesagt.

13

Die Kohlmeisen

Durch Zufall landete ich bei den Kohlmeisen. Meine Entscheidungen haben mich dorthin gebracht, aber dass ich mich auf den Weg gemacht hatte, hatte nichts mit den Kohlmeisen zu tun.

Zuhause war ich unglücklich. Die Tage wollten einfach nicht vergehen, und ich fand nichts, um mich zu beschäftigen. Die lärmenden, faden Gespräche, die wir führten, wenn wir uns auf den Ästen der paar Bäume in unserer Umgebung versammelten, die immer gleichen Plaudereien ließen in mir die Sorge aufkommen, dass ich mein Leben vergeudete. Besonders viel machte mir aus, dass die anderen zufrieden waren mit ihrem Leben, dadurch fühlte ich mich an dem Ort, an dem ich geboren wurde und aufwuchs, nicht zuhause.

Ich hatte Sehnsucht nach Orten, die ich noch nie gesehen hatte. Ich träumte von fruchtbarer Erde, von schattigen Seeufern, umrandet von Bäumen. Aber noch mehr als alles andere spürte ich die Existenz eines Wissens in der Ferne, ich fühlte ein unwiderstehliches Verlangen danach, dieses zu erreichen.

So kam es, dass ich mein Zuhause noch vor der Wanderzeit verließ. Mein Ziel war es, so weit wie möglich wegzufliegen, etwas über Orte zu lernen, die meine Art noch nie gesehen hatte. Aber schon am Anfang meiner Reise, über dem Meer, fiel mir das Atmen schwer, und meine Flügel wollten mich nicht mehr tragen. Vor Erschöpfung vergaß ich, was fliegen war, beinahe verwundert war ich darüber, dass ich mich in der Luft befand. Es war mir, als ob ich kein Vogel wäre, sondern ein anderes Lebewesen, das sich plötzlich in der Luft wiederfand und dazu verurteilt war, herunterzufallen.

Ich stellte mir meinen Fall vor und hoffte zu sterben, noch bevor ich das Wasser erreichte. Ich bereute zutiefst, mich auf so einen beschwerlichen Weg gemacht zu haben. In diesem Moment kam mir mein Leben zu Hause gar nicht mehr so übel vor. Als die Reue über meine Entscheidung zwischen Tod und Unglücklichsein, die Flügel stockstarr, zusammen mit dem Wind in mein Gesicht schlug, als diese Wahrheit, die meinen Körper betäubte, mir vor Augen trat, wich die Angst langsam aus meinem Körper und hinterließ an ihrer Statt eine innere Ruhe. Was immer passieren möge, würde passieren.

Ich weiß nicht, nach wie langer Zeit, für mich fühlte es sich endlos an, kam Land in Sicht, und ich ließ mich mit meinen letzten Kräften auf die Erde nieder. Auf diese Weise lernte ich die Kohlmeisen kennen.

Es war nicht so, dass ich nichts von ihrer Existenz gewusst hatte. Auch wenn ich noch nie eine von ihnen aus der Nähe gesehen hatte, hatte ich ihre Stimmen vom anderen Ufer her gehört und ihr Treiben in den Baumkronen beobachtet.

Von unseren weitgereisten Älteren hatte ich gehört, dass sie freundlich sind. Trotzdem wurde mit Ablehnung von ihnen gesprochen. Diese kleinen Wesen hätten einen Zauber an sich, was auch immer geschieht, man sollte sich nicht in ihrer Nähe aufhalten. Viele Reisende sollen sich nie mehr auf den Weg gemacht haben, nachdem sie sich auf dem Land der Kohlmeisen niedergelassen hatten, und niemand hörte mehr etwas von ihnen.

Als ich an der Stelle, auf die ich gefallen war, meinen Kopf hob, hatten sich neugierige Augenpaare um mich versammelt, die Kohlmeisen hüpften in kleinen Sprüngen um mich herum, schauten einmal zu mir, dann zum Himmel, ohne zu verstehen, aus welcher Richtung ich gekommen war. Trotzdem fragten sie nicht. Um mich zu stärken, gaben sie mir Essen und Wasser. Ihre feinen Bewegungen wurden von ihrem Zwitschern begleitet, das mir schon von der anderen Seite des Meeres aus so gefallen hatte.

In den folgenden Tagen zeigten sie mir die fruchtbarsten Orte, Schattenplätze, an denen ich die Mittagszeit verbringen konnte, Süßwasserufer. Sie führten mich zu jedem Baum, jedem Busch, warnten mich vor Orten, von denen ich mich fernhalten sollte, und obwohl ich nicht ganz verstand, was sie sagten, integrierten sie mich in ihre Unterhaltungen, die ich als sehr tiefgründig empfand.

Mit der Zeit fanden meine Flügel wieder zu ihrer alten Kraft zurück, und ich sammelte in kurzer Zeit wieder genug Energie, um weiterzufliegen. Aber da mich die Kohlmeisen auf eine Weise in ihre Mitte aufgenommen hatten, die über normale Gastfreundlichkeit hinausging, verschob sich meine Weiterreise auf unbestimmte Zeit.

Ich muss hinzufügen, dass sie anmutige Wesen waren, die Kohlmeisen. Wenn es auch schien, als ob sie mit ihren winzigen Körpern einfach so hin- und hersprangen, hatte doch jede ihrer Bewegungen einen Sinn, in ihren Augen schienen sie das Wissen der ganzen Welt zu tragen.

Sie unterschieden sich sehr von uns. Sie waren weder sehr gesprächig noch sehr still. Wenn sie der Stille Genüge getan hatten, hallte der ganze Wald wider von ihrem Trillern, fern von jeder Eintönigkeit. Sie wussten sich zu benehmen, auch wenn sie so nah beieinander waren, dass sie sich gegenseitig rufen konnten, drängten sie sich nicht alle auf einem Ast, sondern schätzten tiefgründige Unterhaltungen in kleinen Gruppen. In der Nacht vertrauten sie sich der Natur an, einer Blüte gleich ruhten sie bewegungslos auf einem Ast.

Es fiel ihnen nicht schwer, mich in ihre Mitte aufzunehmen. Ich hielt es für natürlich, dass man manchmal in ihren Blicken sehen konnte, dass sie vor mir nicht alles sagten. Mit meinen großen Flügeln, meinem langen Rumpf und Hals war es offensichtlich, dass ich nicht eine von ihnen war. Aber mit der Zeit ähnelten meine Bewegungen immer mehr den ihren, und ich vergaß langsam, woher ich gekommen war.

Ich für meinen Teil hatte das Geheimnis gelöst, warum Reisende, die, nachdem sie die Kohlmeisen kennen gelernt hatten, blieben und nicht mehr weiterzogen. Sie wollten wohl solch einen ruhigen, friedlichen Ort nicht verlassen und redeten sich ein, dass Hierherzukommen das Ziel ihrer Reise gewesen war. Und so war es auch. Zumindest in den ersten Tagen.

Wenn ich heute darüber nachdenke, frage ich mich, warum ich nicht gegangen bin, als alles, was in den ersten Tagen gut lief, verblasste und die Sonderbarkeiten begannen. Ich denke, die fruchtbare Erde und das Trillern der Kohlmeisen hatten mich verzaubert, und ich lebte in einem Tagtraum. Noch schlimmer, ich fühlte mich als eine von ihnen und erinnerte mich nicht mehr an die ermüdende Reise, die mich hierher gebracht hatte.

Vielleicht waren diese Sonderbarkeiten von Anfang an da, und ich hatte sie nur nicht bemerkt. An manchen Abenden gab es Treffen, zu denen ich nicht eingeladen war, die man, so kam es mir vor, vor mir geheim halten wollte, ihre hitzigen Debatten hallten im Wald wider. An den Morgen nach diesen Nächten hüpften die Kohlmeise nicht mit ihren üblichen Bewegungen von einem Ast zum anderen, sie saßen starr, wie Dekoration an ihrem Platz und starrten auf einen Punkt in der Ferne.

Wenn ich auch mit der Zeit spürte, dass sie nach diesen Nächten so taten, als ob sie mich nicht kannten, mich beinahe mieden, versuchte ich mir einzureden, dass ich mir das nur einbildete, weil ich mir nicht vorstellen konnte, dass so freundliche Wesen zu so einem Verhalten fähig waren. Vor allem ging es mir gut, deshalb war ich bereit, alles, was dies gefährden könnte, zu ignorieren.

Später wurde eine weitere Seltsamkeit offensichtlich. Ihre Gespräche flachten ab, sie wurden viel weniger tiefgründig, als ich dachte gefühlt zu haben, wenn ich sie auch nicht verstand. Ich vermutete, dass das passierte, wenn ich bei ihnen war, ging davon aus, dass sie ihre Gespräche auf Alltagsthemen lenkten, sobald ich mich ihnen näherte, und glaubte, dass sie ihr Wissen vor mir verheimlichten.

Eines Tages, während einer weiteren langweiligen Unterhaltung, wandte sich mir eine von ihnen zu und sagte, Die Schlange frisst ihren eigenen Schwanz. Ich schaute sie verständnislos an. Bevor ich sie fragen konnte, was sie damit sagen wollte, war sie wieder in ein eintöniges Gespräch mit den anderen verwickelt.

Inzwischen kannte ich bei den Kohlmeisen jeden Fleck, hatte schon auf jedem Ast gesessen und mit allen mindestens ein paar Worte gewechselt. Aber so sehr ich mich auch als Kohlmeise sah, konnte ich in ihren Blicken nicht dieselbe Nähe erkennen, die ich sah, wenn sie sich gegenseitig anschauten, die Abwesenheit dieser Nähe ließ mich mich unendlich allein fühlen.

Je mehr ich spürte, dass ich nicht eine von ihnen war, desto mehr fühlte ich ein unwiderstehliches Verlangen danach, eine von ihnen zu werden. Ich trillerte am ausdauerndsten. Keiner konnte meine Stimme von denen der Kohlmeisen unterscheiden. Aber je mehr ich mich bemühte, desto mehr veränderte sich ihr Verhalten, die Nähe, die sie anfangs gezeigt hatten, konnte ich einfach nicht mehr spüren. Es fühlte sich so an, als ob ich in ihren Augen immer kleiner wurde. Zumindest kam es mir so vor.

Auf diese Weise ihnen fremd und für sie unsichtbar, konnte ich nicht bleiben, aber ich konnte auch nicht gehen.

An jenem Tag fühlte ich, dass ich mich an einem Scheideweg befand. Ich brach einen dünnen Ast vom Baum. Bis zum Morgengrauen rieb ich ihn am Stamm des Baums. Mit dem ersten Tageslicht hatte ich meine großen Flügel sorgfältig so gestutzt, dass sie den ihren glichen. Ein schwarzer Fleck.

Vielleicht würde ich nie wieder fliegen können, aber ich hoffte, dass sie, wenn sie mich mit meinen kleinen Flügeln sahen, wieder als eine von ihnen akzeptieren würden und ich wieder an ihren Unterhaltungen teilnehmen konnte.

14

Der Mann, der nie aus dem Haus ging

Er war seit unendlich langer Zeit zu Hause. Eines Tages, er hatte sich schon fertig gemacht, um hinauszugehen, setzte er sich für eine Atempause hin und stand nie wieder auf. Manche sagten, dass er sowieso schon immer komisch war und deshalb so etwas von ihm zu erwarten gewesen sei. Dass er nicht mehr aus dem Haus ging und somit alle seine Verantwortlichkeiten nicht mehr wahrnahm, beurteilten manche als Egoismus. Manche wiederum fanden, dass sein Leben eine solche Krise nicht rechtfertige und dass es ihm nur um Aufmerksamkeit ging. Aber es gab nur zwei sichere Wahrheiten. Dass er nicht aus dem Haus ging und niemand wusste, warum.

Mit der Zeit gerieten das Haus und er in Vergessenheit. Die hartnäckigen Anrufe, das ständige Türklopfen hörten langsam auf. Und wenn manchmal der Mann, der nie aus dem Haus ging, doch in einer Unterhaltung vorkam, wurde er immer mehr wie eine Figur aus der Märchenwelt beschrieben.

Eines Tages, als er schon lange vergessen war, klingelte es an seiner Tür. Er öffnete, widerstrebend. Als er das nichtssagende Gesicht und den erloschenen Blick ihm gegenüber sah, erinnerte er sich. Er hatte seine Existenz komplett aus seinem Gedächtnis gestrichen. Der Tote starrte ihm ins Gesicht. Seine Blicke waren weder freundlich noch feindlich. Aus seinen Augen wehte ein warmer Wind in sein Gesicht, das war alles. Er trat einen Schritt zurück. Der Tote sah das vermutlich als Einladung, trat ein, ging weiter und setzte sich in einen Sessel, auf seinen alten Platz.

So saßen sie, still. Tag und Nacht, ihre Schatten hatten sich übereinander gelegt. Sie schwiegen eine unendlich lange Zeit. So, wie in seinem Kommen, fand er auch in diesem Schweigen nichts Seltsames.

15

Wenn ihr nur ein Heim gründen würdet

»Früher war ich glücklich, jetzt möchte ich wieder glücklich sein.
Was denken Sie, kann ich wohl wieder glücklich werden?«

Sevim Burak, Das der Kopf Das der Körper Das die Flügel

Tüllgardinen, die bis zum Boden reichen. Auf beiden Seiten Samtvorhänge, mit dicken Kordeln an der Wand zusammengehalten. Geschnitzte Sessel. Die Schnitzereien sind von Gold umrahmt. Sie sind in hellem Crème gehalten. Auf den Sesseln Samtkissen. Ein Tisch für acht Personen. Meine beiden Tanten väterlicherseits, meine Großmutter väterlicherseits, mein Vater, meine Mutter, mein großer Bruder, meine kleine Schwester und ich. Über dem Tisch hängt ein Kronleuchter mit unzähligen Glühbirnen. Umgeben von gläsernen Kristallen. Hinter dem Tisch steht eine Kommode, darauf Fotografien. Mein Vater, in seinem

Mantel, sein Notizbuch in der Hand, mein Vater beim Militär, mein Vater, seine beiden Geschwister und mein Großvater, mein Großvater, ein Porträt, mein Vater bei seiner Graduiertenfeier, meine Tanten umarmend, ich, meine Schulfreundin umarmend, ich, einen Kinderwagen schiebend, darin meine kleine Schwester, ich, Hand in Hand mit meinem großen Bruder, mein Bruder, beim Militär, mein Bruder, bei seiner Hochzeit.

Sie kommt hinkend herein. Hat einen Buckel. Auf ihrem Kopf ein Kopftuch in gebrochenem Weiß. Sie murmelt vor sich hin. Im Gebet. Sie richtet ihre Augen auf mich, lächelnd kommt das letzte Gemurmel aus ihrem Mund. Wie geht es Dir? Danke, Tante, mir geht es gut, und Dir? Gut, Allahseidank, setz dich. Wir sitzen nebeneinander. Meine Hand in ihrer. Ein Seufzen. Nur das Ticken der Uhr. Eine lange Zeit.

Wie geht es Dir, fragt sie wieder, Mir geht es gut, sage ich. Wieder. Ach, bleib so, ach, sagt sie, bleib gesund, bleibt gesund. Sie legt meine Hand auf mein Knie, lässt sie dort. Sie löst ihr Kopftuch, Ich habe ja gebetet, hast du lange gewartet? Nein, sage ich, ich bin gerade gekommen, Gut, sagt sie, gut. Das Ticken der Uhr. Langsam.

Ich bete immer, dass euch alles gelingt, dass ihr alles bekommt, was ihr euch wünscht. Allah wird es mir verübeln, er wird denken, dass ich mich nur für euch an ihn wende. Vielleicht ist das sogar so, ich weiß es nicht. Sie heftet ihre Augen auf mich, als ob sie etwas zu sehen versucht, aber es ist nicht da. Dir geht es gut, sagt sie, das sieht man, es geht dir gut, es geht dir gut, doch… Sie seufzt. Sie wischt mit ihrem Kopftuch über ihr Gesicht, Wenn ihr nur ein Heim gründen würdet, sagt sie, wenn ihr wissen würdet, wo euer Platz ist. Du und deine Schwester. Nur das.

Sie murmelt vor sich hin. Im Gebet. Allahseidank, auch dafür, Allahseidank. Trotzdem, deine Oma und deine Tante haben es nicht mehr miterlebt, werde ich es auch nicht mehr erleben? Wir Schwestern sind allein geblieben, sie ist gestorben, jetzt werde ich ganz allein sterben. Wird dir und deiner Schwester dasselbe Schicksal zuteil?

Sie hält inne. Lächelt, mit jugendlichen Augen fragt sie, Gibt es da nicht einen, Nein, keinen, antworte ich. Sie legt ihren Kopf auf die Seite, schürzt ihre Lippen, Nein, keinen, wiederhole ich, wirklich nicht. Geht ihr gar nicht aus, fragt sie, nur Arbeit im Kopf, wo soll da auch was passieren.

Als ich zu deiner Tante gegangen bin habe ich den Kaffeesatz lesen lassen, erzählt sie, auch wenn an Hellseher zu glauben eine Sünde ist. Einen Sohn und eine Tochter wirst du haben, sagte sie, gesund und glücklich wirst du werden, bald heiraten, sagte sie. Ich glaubte ihr, als sie wusste, dass du dich vor kurzem von einem Mann getrennt hast, mit dem du lange zusammen warst, sie konnte das schon immer gut. Dieser Nichtsnutz, er war dein eigentliches Verderben, sie murmelt etwas, er war dein eigentliches Verderben, sagt sie wieder.

Wir verfallen in Schweigen. Das Ticken der Uhr. Sie nimmt meine Hand, öffnet ihre Augen, und mit sanfter Stimme sagt sie, Mein Mädchen, wenn ihr nur ein Heim gründen würdet, deine Tante und ich blieben letzten Endes allein, sie ist gestorben und ich, schau mich nun an. Die Kaffeesatzleserin konnte das immer gut, konnte ihre Arbeit immer gut, vielleicht liegt sie auch jetzt richtig. Ein Sohn und eine Tochter, hat sie gesagt, auch wenn an Hellseher zu glauben Sünde ist. Ich bete die ganze Zeit, sagt sie, meine Hand loslassend, wenn ihr nur ein Heim gründen würdet.

16

Veränderung

Wir hatten am Mittag angefangen zu trinken. Ich hatte Schulden, und es war klar, dass ich pleite gehen würde, er beklagte sich darüber, dass er sich auf nichts konzentrieren konnte. Wir redeten stundenlang. Wie zerbrachen uns die Köpfe, wie wir aus unserer Situation wieder herauskommen würden. Wir retteten mein Geschäft, fanden ihm einen Arzt, fingen zusätzlich zu den Dingen, die wir noch nicht beendet hatten, mehrere neue an. Manchmal erhob er unbewusst seine Stimme, Sei leise, sagte ich dann.

Aus Mittag wurde Nacht, ich dachte darüber nach, ob ich nach Hause gehen sollte. Aber was sollte ich tun, ich war nicht in der Verfassung, allein zu sein, aber wenn ich bliebe, würde die Nacht nicht gut enden, so viel war klar. Lass uns woanders hingehen, sagte er, ich fange an zu frieren.

Als wir nebeneinander hergingen, sagte er, plötzlich, als ob wir nicht schon seit Stunden geredet hätten, Burcu ist vielleicht schwanger. Was werdet ihr tun? Weiß ich nicht, sagte er, wenn es so ist, werden wir es wahrscheinlich bekommen, würden wir nicht so oder so Kinder bekommen? Nein, sagte ich, wenn wir nicht wollen, bekommen wir auch keine, wir sind ja nicht dazu verpflichtet! Was weiß ich, sagte er, ich bin verwirrt, wie auch immer, lass es gut sein für heute, wenn es morgen sicher ist, dann schauen wir weiter. Außerdem, sagte er, wäre es vielleicht eine Veränderung.

Wir gingen in die Bar unserer Freunde, fanden einen Platz. Wir störten uns an denen, die ab und zu vorbeikamen, um ein, zwei Worte zu wechseln, wenn wir allein waren, schwiegen wir. Ich dachte an die Nächte, in denen wir am selben Tisch gestrandet waren, die Nächte, in denen wir warteten, dass sie hereinkamen und uns mitnahmen. Wir waren wieder gestrandet. Wenn wir wollten, könnten wir natürlich gehen. Aber, wohin. Bei Eren ist eine Party, sagte er, lass uns dort hingehen. Ich konnte mich nicht erinnern wer Eren war, aber ich sagte, Geht klar.

Als wir draußen waren, traf mich ein leichter Wind im Gesicht. Ich spürte mich nüchterner werden. Wir liefen durch Seitenstraßen. Er fasste mich am Arm und brachte mich zum Stehen. Ich spürte seinen Atem in meinem Gesicht, Du weißt, wie wichtig du mir bist, oder? fragte er, Das weiß ich, sagte ich. Plötzlich fing um uns herum an, Musik zu erklingen, kleine Instrumentenspieler mit weitaufgerissenen Augen versammelten sich um uns. Wir konnten unsere eigenen Stimmen nicht mehr hören. Weder unsere inneren noch unsere normalen Stimmen. Verpisst euch, sagte er, Bruder, das ist kein Benehmen in Anwesenheit einer Frau, sagte einer von ihnen, langsam verklang die Musik, am Ende nur noch die Stimme einer Oboe, Er hat das nicht so gemeint, sagte ich, aber gehen Sie bitte. Da begannen sie wieder, als ob ich gesagt hätte, Spielt wieder, was steht ihr hier herum. Ah, sagte der Darbukaspieler, schloss dabei seine Augen und wiegte seinen Kopf hin und her. Schiebend und stoßend entkamen wir der Menge, sie folgten uns auf dem Fuß. Wie weit wir auch liefen, sie ließen nicht von uns ab. Wen würden sie um diese Uhrzeit sonst finden, so allein, es war offensichtlich, dass sie uns bedrohten.

Einer, der vor seiner Tür stand sagte, Kommt rein, die werdet ihr nicht los, wartet eine Weile hier. Als wir eingetreten waren, setzten sie ihren Weg fort, als ob sie uns nicht schon seit Ewigkeiten verfolgt hätten, die Musik klang langsam ab, am Ende nur noch der Klang der Oboe. Was war das denn für eine Zicke, sagte einer von ihnen, er sollte sie lieber abschießen. Plötzlich nahm etwas von meinem Körper Besitz, von dem ich nicht wusste, dass es existierte. Von was für einer Zicke sprichst du zum Teufel? Ich rannte ihnen hinterher, Was glaubst du, wer hier wen abschießt, und er rannte mir hinterher. Niemand war zu sehen. Wir bogen um die Ecke, plötzlich kamen sie von zwei Seiten, umkreisten uns, immer noch grinsend, die Köpfe wiegend, mit aus den Höhlen tretenden Augen, ihre Instrumente schlagend. Ah, sagte der Darbukaspieler. Dieses Mal hatten sie uns so eng eingekreist, dass wir uns nicht bewegen konnten und es keinen Ausweg gab. Was soll schon sein, schrie ich, was soll schon sein, zum Teufel, das Schlimmste, das ihr tun könnt, ist, mich umzubringen, was wollt ihr sonst machen, dann bringt mich endlich um und ich bin erlöst. Wenn ich meinen Blick wenden würde, das wusste ich, würde ich sehen, wie er mich angstvoll anstarrte. Ich wusste auch nicht, was da aus meinem Mund kam. Ich wusste es, ich wusste es schon, es war auch genau das, was ich dachte, aber sollte man das sagen, so mitten in der Nacht, in einer verlassenen Straße, wenn sie mich umbringen würden, ginge es mir besser, aber was wäre mit ihm?

Trotzdem schrie ich, Das Schlimmste, was ihr tun könnt, ist, mich umzubringen, bringt mich doch um, damit ich erlöst bin. Als ob ich Sesam öffne dich gerufen hätte, öffnete sich der Kreis, je mehr ich vom Tod sprach, und sie zogen sich zurück wie die Hyänen. In Ordnung, gnä' Frau, sagte einer immer und immer wieder, in Ordnung, gnä' Frau. Der Tod hatte meinen Status von einer Zicke zu einer gnädigen Frau erhoben, das war lächerlich, und außerdem, was hatte ich hier zu suchen? Er würde vielleicht ein Kind bekommen, so war es, es würde eine Veränderung für ihn bedeuten, ich würde pleite gehen, ich würde etwas Neues anfangen, sagte ich zu mir selbst, wenn ich weniger trinken würde, wenn ich nicht in diese verlassenen Straßen einbiegen würde, dachte ich mir, ist morgen – die Männer, sich langsam zurückziehend wie Hyänen, waren noch nicht ganz aus unserem Blick verschwunden – ein neuer Tag.

17

Das Brecheisen

Ich trat aus dem Krankenhaus. Auf der Straße hielt ich ein Taxi an. Stieg ein. Sprach. Nannte den Ort, an den ich wollte.

Wie lange ich eingenickt war, weiß ich nicht, als ich meinen Kopf hob, sah er mich an. Es ermutigte ihn wohl, dass auch ich ihn ansah, Alles gut, Bruder? fragte er, ich senkte den Blick, starrte auf die Wasserflasche und das zerknitterte Taschentuch, die in die Tasche des Vordersitzes gestopft waren. Er hörte nicht auf zu reden. Ich rate dir, Bruder, er schlug auf das Lenkrad, während er das sagte, in diesem Leben sollte man sich über nichts aufregen, nie ein langes Gesicht ziehen, man sollte immer lachen, immer das Positive suchen. Ansonsten lässt es sich nicht aushalten.

Schau, wenn du das in unserem Beruf nicht machst, glaub' mir, wirst du jeden Tag zum Mörder. Wenn du wüsstest, was ich alles für Arten von Menschen begegne an jedem gottgegebenen Tag. Ich starrte weiter auf das zerknitterte Taschentuch, auf die leere Wasserflasche, er schlug wieder auf das Lenkrad, und es schien nicht so, als ob er aufhören würde. Vor kurzem, fuhr er fort, stieg ein hünenhafter Mann ins Taxi, wir waren in Bakırköy, Wohin, fragte ich, Bostancı, In Ordnung, mein Herr.

Wir erreichten das Ufer in Bostancı, es gibt doch dort den Platz an den Anlegestellen der Meeresbusse, dort kamen wir an. Er stieg aus und wollte gehen. Wohin, frage ich, was ist mit dem Geld? Ich habe keins, sagt er. Warum bist du dann in ein Taxi gestiegen, frage ich, er schaut mich mit leerem Gesichtsausdruck an. Also stieg ich aus dem Taxi, machte den Kofferraum auf, holte das Brecheisen, und mit aller Kraft, die Gott mir gab, schlug ich zu, auf den Kopf, die Augen, wo immer es niedersauste. Der Hüne wurde zu einem Häufchen Elend. Die Menschen am Taxistand rannten und befreiten ihn aus meinen Händen, erzählte er lachend, der wird nie wieder ohne Geld in ein Taxi steigen.

Bist du nicht ein wenig zu weit gegangen, fragte ich, er zuckte zusammen und schaute mich im Rückspiegel aus fremden Augen an, gut, du hast ihn verprügelt, aber auf den Kopf, die Augen, was, wenn er gestorben wäre? Was geht mich das an, Bruder, er richtete sich auf, er wollte es so, er hob seine rechte Hand, die Handfläche nach oben zeigend spreizte er alle Finger bis zum Äußersten, Ich will mein Geld, so ist das in dieser Stadt.

Es muss noch etwas Unschuld, etwas, das zu uns gehört, übrig geblieben sein, sagte ich zu mir selbst, was sollte sonst dieses zerknitterte Taschentuch, diese Wasserflasche, das Brecheisen. Warum sollten wir uns sonst einander so weh tun?

Denk nicht so viel darüber nach, Bruder, sagte er, alles kommt, alles geht, in allem, auch in der Krankheit solltest du etwas Positives finden, du musst einen kühlen Kopf bewahren, sonst ist es schwer, sonst wirst du zum Mörder, vor allem in dieser Stadt.

18

Besuch bei Freunden

Der Weg ist weit, sagt Anıl, Das macht nichts, antworte ich.

Die Stadt endet, wir fahren auf unzählige mehrspurige Straßen und durch kleinere Nebenstraßen. Häuser mit großen Fenstern, Mauern, die diese umgeben, Einkaufszentren mit großen Parkflächen. Das Auto fährt hinter einer Mauer nach unten. Reihenweise Parkplätze. Alle sind mit einem Kennzeichen versehen. Blau-weißes Licht. Eins flackert unablässig. Der Aufzug erreicht, lautlos, unser Stockwerk, er betrachtet sein Spiegelbild, ich betrachte ihn, wie er sich selbst betrachtet, er zieht seinen Bauch ein, zupft seine Hose zurecht, die Augen jung, der Rest müde.

Er öffnet die Tür mit dem Schlüssel. Burcu taucht an der Tür auf, Herzlich willkommen, flüstert sie, Duru schläft, Danke, flüstere ich zurück, wir umarmen uns.

Ich gehe hinter ihnen her, ein breites Sofa, ein großer Fernseher, Blumen in der Ecke. Ganz hinten Bücherregale. Hinter dem Sofa eine Vitrine, Duru, als Neugeborenes, Duru, lächelnd, Duru, wie sie isst, und Hochzeitsfotos. Hast du einen Korkenzieher gekauft, fragt Burcu Anıl, Anıl verzieht sein Gesicht: Das habe ich vergessen, ich kaufe ihn gleich. Die Küchenanrichte ist voller Essen, der Tisch auch, ein Kinderstuhl ist an ihn herangeschoben. Schränke, deren Funktion ich nicht kenne. Einer müsste der Kühlschrank sein, einer die Spülmaschine, die anderen kann ich nicht erraten.

Komm, ich zeige dir die Wohnung, sagt Burcu, wischt sich die Hände ab und geht mir voraus. Wir gehen den Flur entlang, Das Gästezimmer, sagt sie, die erste Tür öffnend, meistens schläft hier meine Mutter. Ein Einzelbett, ein Schrank, leuchtende Augen. Duru quält das Tier, deshalb lassen wir es in diesem Zimmer. Ganz eindeutig stören wir die Katze, Aber sie schläft jetzt, sagt sie und lässt die Tür offen stehen. Das hier ist Durus Zimmer, lass uns dort jetzt nicht hineingehen, flüstert sie fast unhörbar vor der nächsten Tür, sie hat einen leichten Schlaf, das hat sie von mir. Sie öffnet die Tür gegenüber, Das ist das Schlafzimmer, sagt sie. Für mich sieht es nach einem Bett für drei bis vier Personen aus, zwei Nachtschränkchen, eins voll mit Medikamenten, das andere leer, an der gegenüberliegenden Wand ein riesengroßer Schrank. Sie öffnet die Nebentür, Das ist das Bad, sagt sie, das war‘s, Sehr schön habt ihr es hier, sage ich. Wir gehen wieder zurück ins Wohnzimmer, Was möchtest du trinken, Wein kann ich jetzt ja nicht aufmachen, ein Bier? Gerne, antworte ich, sie holt eines aus dem Kühlschrank, fühlt mit ihrer Hand, ob es kalt genug ist, öffnet es, reicht es mir, Ich habe noch ein bisschen zu tun, setz dich, sagt sie, ich setze mich.

Sie schneidet etwas, ich beobachte sie, wie sie etwas schneidet, dann schaue ich mich um, treffe den Blick der Katze, die irgendwann hereingekommen war und sich auf den Stuhl neben mir gelegt hat. Lange Zeit sagen wir nichts. Damit etwas gesagt ist, frage ich, Und, wen triffst du so? Ich schaffe es nicht, viele zu treffen, sagt sie, ohne den Kopf zu heben, manchmal treffe ich Gamze, Devrim, Özge und Aslı, wenn sie in die Türkei kommt. Was macht Aslı, frage ich, Sie hat geheiratet, erzählt sie, für die Staatsbürgerschaft, eigentlich lief es nicht so gut zwischen ihr und ihrem Freund, sie dachte darüber nach, sich zu trennen, aber nach so vielen Jahren im Ausland wollte sie nicht zurückkommen, deshalb haben sie geheiratet. Özge hat Zwillinge bekommen, fährt sie fort, das hast du vielleicht gehört, ich erinnere mich nicht, ob ich das gehört hatte oder nicht, Habe ich gehört, sage ich, eins ist genau wie Özge, das andere genau der Vater, sie haben einen komplett entgegengesetzten Charakter. Die Tür geht auf, Anıl kommt herein, den Korkenzieher in der Hand. Perfektes Timing, sagt Burcu, das Essen ist fertig, öffne du den Wein, ich wecke Duru auf. Während Anıl den Wein öffnet, fragt er, Und, was machst du so, Das Gleiche wie immer, antworte ich, als ob er wüsste, was das Gleiche sein soll, er sagt nichts.

Burcu kommt mit Duru auf dem Arm herein, Hier ist sie, unsere Tochter, sagt sie, das erste Mal lächelnd, seitdem ich gekommen bin, sie sieht zu mir, dann zu Duru, die Augen weit geöffnet. Duru schaut mich aus verschlafenen Augen an, Sie sieht dir ähnlich, sage ich, Ja, das stimmt, das sagen alle, Nicht nur ihr, sagt Anıl, schau', die Wangen und die Ohren, die sind von mir, er küsst ihre Wangen, man sieht, dass sie diese Szene nicht zum ersten Mal spielen. Willst du der Tante nicht Hallo sagen, fragt Burcu. Duru dreht ihren Kopf weg und umarmt ihre Mutter, Sie ist schüchtern, sagt Burcu, sobald sie sich an dich gewöhnt hat, wird sie nicht mehr von dir weichen. Sie setzt sie in den Kinderstuhl.

Möchtest du Köfte essen, Duru, fragt sie mit weicher Stimme, Duru schüttelt ihren Kopf, Ahh, lass uns nicht wieder damit beginnen, du mochtest doch Fleischbällchen. Anıl füllt die Weingläser und schaut lächelnd zu Duru und Burcu. Die Katze schaut noch immer zu mir.

Während Burcu Köfte in Durus Mund schiebt, fragt sie mich, Und, was machst du so, Dasselbe wie immer, sage ich widerwillig, davon ausgehend, dass der ganze Abend so ablaufen wird, Mein Geschäft hat sich etabliert, aber es macht immer noch viel Arbeit. Ich hätte nie gedacht, dass du hier bleibst und dich auch noch selbstständig machst – wenigstens hat sie an mich gedacht, wir haben also nicht komplett den Kontakt verloren –, Ich auch nicht, erwidere ich. Was macht Umut, fragt sie, während sie ein weiteres Stück Fleisch in den Mund von Duru schiebt, Wir haben uns schon vor langer Zeit getrennt. Warum, fragt sie, warum trennen sich Menschen. Müssen wir denn bis zum Ende zusammenbleiben, was ist das nur, was zwei Menschen so aneinander klammern lässt. Wir haben uns nicht mehr verstanden, antworte ich. So viele Jahre, sagt sie mit einem tiefen Seufzer, ist das Alleinsein nicht schwer, Ich weiß nicht, antworte ich, ich habe mich daran gewöhnt, Komm schon, sagt sie, während sie ein weiteres Köfte gegen Durus geschlossene Lippen drückt, sei nicht so stur, Mein Mädchen, sagt Anıl, komm, mach deine Mutter nicht traurig, ich nehme einen großen Schluck Wein.

Was macht ihr, frage ich, um irgend etwas zu sagen. Bei uns ist auch alles beim Alten, ich habe den Job gewechselt, ich arbeite jetzt weniger, habe wenigstens die Wochenenden, sie schiebt Köfte in Durus Mund, Anıl arbeitet mehr als früher, seit er befördert wurde, arbeitet er Tag und Nacht, ich habe angefangen, Sport zu machen, um die Schwangerschaftskilos loszuwerden, sie schiebt ein weiteres Stück Köfte in Durus Mund, aber mit Kind ist es schwierig, komm schon, mein Kind, und schiebt mit der Gabel nach, wir wollen gerne umziehen, in eine größere Wohnung, ein weiteres Köfte, Duru fängt an anzuschwellen, aber es ist nicht so einfach, diese Wohnung ist noch nicht abbezahlt, erst schwillt ihr Bauch, es gibt sehr schöne Wohnanlagen, dann ihre Beine und ihr Kopf, die gut sind für Familien mit Kindern, sie passt nicht mehr in den Kinderstuhl, aber wir haben noch Zeit, die Katze windet sich unruhig, bis Duru ein wenig größer ist, sagt Burcu.

19

Efeu

Sieh mal, den Stuhl habe ich erst vor zwei Tagen hierhin gestellt, wie das Efeu schon um ihn herum rankt. Das waren sicher nicht nur zwei Tage, übertreib' nicht, sagte ich. Bei Gott, vor zwei Tagen. Er berührte die rankenden Efeuzweige, grün und lebendig, die sich fest um die eisernen Streben gewickelt hatten. Er schaute sich um, Trink doch etwas, sagte er, Tee, Kaffee, Bier? Nein, danke, antwortete ich, oder doch, wenn du Kaffee machst, trinke ich einen. Er sprang auf, erfreut, eine Beschäftigung gefunden zu haben, ging in die Küche, vielleicht freute er sich auch, dass er gehen konnte, verständlicherweise, ich kam ja einfach vorbeigeschneit, aber es gab etwas, worüber wir reden mussten, wir würden darüber reden, ob er wollte oder nicht. Zucker? Er sagte es, als ob sein Leben davon abhinge, als ob es, würde ich den Zucker annehmen, beendet wäre, ich meine Bestechungsgabe entgegennehmen und verschwinden würde, und alles wäre perfekt. Nein, danke, sagte ich.

Die Tasse in der Hand, kam er zurück, und sowie er sich hinsetzte, fragte er, Meine Mutter hat dich geschickt, oder, Ja, sagte ich, deine Mutter hat mich geschickt. Es wäre besser gewesen, ihr nicht zu sagen, wo ich bin, ich habe es ihr nur erzählt, weil ich dachte, sie würde sich sonst Sorgen machen, ich habe, ehrlich gesagt, sobald ich es ausgesprochen hatte, damit gerechnet, dass sie dich schicken würde, und du hast dich wirklich gleich aus Istanbul aufgemacht und bist hierher gekommen. Gut, da hast du ja richtig geraten, sagte ich, dann lass uns miteinander reden, Lass uns reden, sagte er.

Ist das nicht schwer für deine Mutter, fragte ich, Ja, es ist schwer, aber für mich ist es auch nicht leicht, und außerdem habe ich meiner Mutter damit einen Gefallen getan. Es war offensichtlich, dass das Gespräch tiefer werden würde, aber was ging mich das an, nach all den Jahren. Warum ist es für dich nicht leicht? Es ist doch klar, wie solche wie ich enden, am Ende wäre es auch meiner Mutter zu viel, mir wäre es peinlich jemandem zur Last zur fallen, zu gehen war die beste Lösung. Wie kommst du darauf, du hattest doch einen Job und fielst niemandem zur Last, was ist denn plötzlich passiert? Komm schon, sagte er, du weißt doch, wie oft ich den Job gewechselt habe und dass ich keinen Job halten konnte. Du weißt es am besten, du hast mich doch von Arzt zu Arzt geschleppt.

Und du hast dir das jetzt so gedacht und hast dich entschieden zu gehen, oder was? Es wurde mir plötzlich klar. Mit meinem Cousin ist es genau das Gleiche, das weißt du ja, vor kurzem war er in einen Streit verwickelt, eigentlich war er im Recht, zumindest der Meinung meiner Tante nach, aber alle kannten ihn, niemand glaubte ihm, es ist ein kleiner Ort, alle Nachbarn waren sich einig, dass er gehen sollte. Meine Tante kam direkt zu uns. Sie schloss sich mit meiner Mutter für Tage in der Küche ein, um zu beraten, was sie jetzt machen sollten. Beide hatten ganz geschwollene Augen vom Weinen. Als ich das sah, war es mir plötzlich klar. Und, fragte ich, was passiert jetzt? Nichts passiert, ich bleibe hier, hier ist die Luft gut, sagen nicht die Ärzte, Ruhe sei gut, Essen, Schlaf, empfehlen sie das nicht – das alles gibt es hier. Hier können die Leute höchstens sagen, dass ich launisch bin, aber ich werde niemanden so nah an mich heranlassen, dass das passieren wird. Wenn ich verrückt werde, will ich allein verrückt werden, ich will nicht, dass sie an ihren Küchentischen über mich reden.

Na dann ist ja alles gut, sagte ich, der Kranke weiß am besten, was ihn heilt, aber wirst du den Stuhl hier so stehen lassen, so dass der Efeu ihn komplett umschlingt? Ja klar lasse ich ihn dort, sagt er, was soll schon passieren, er hat einen guten Platz gefunden.

20

Der Unglücksmann

In unserer Familie wird über zwei Unglücksmänner gesprochen. Beide sind gutaussehend, haben blaue Augen und sind Anwälte. Den ersten habe ich nicht kennen gelernt. Er war der Ehemann meiner Tante. Am Tag der standesamtlichen Hochzeit ging er zurück ins Dorf zu seiner Familie und kam nie mehr zurück. Weil es zu dieser Zeit schwer war, eine Ehe aufzulösen, und weil der Mann seine Spuren verwischte, blieben sie jahrelang auf dem Papier verheiratet. Als der Mann in einer kleinen Stadt mit einer weiteren Frau gefunden wurde, die er in einer religiösen Zeremonie geheiratet und mit der er zwei Kinder hatte, zog sich meine Tante noch mehr in sich zurück und dachte auch nach ihrer Scheidung nicht über eine weitere Hochzeit nach, sobald einer damit anfing, wechselte sie das Thema. Ihre ganze Schönheit ist verwelkt, pflegte meine Mutter zu sagen, sie war so schön, alle sahen sich nach ihr um.

Niemand konnte sich einen Reim daraus machen, warum der Unglücksmann von der Bildfläche verschwand und auch für eine Scheidung nicht auftauchte. Aus Scham, meinte mein Vater, wann immer das Thema aufkam, meine Schwester ist eine starke Frau, allein ihre Haltung hatte etwas Einschüchterndes auf ihr Gegenüber, als er eine

Sanftmütigere fand, entschied er sich gegen sie, war aber zu feige, ihr gegenüberzutreten und es ihr zu sagen. Ich weiß es nicht, sagte meine Mutter immer, aber alle unsere Verwünschungen werden ihn eines Tages einholen, allein meine reichen da schon. Es ist aber auch unser Fehler, wir haben unser Einverständnis gegeben, ohne uns über ihn zu erkundigen, dass etwas mit ihm nicht stimmte, war von Anfang an klar. Jede Unterhaltung verlief so und endete damit, dass alle in Schweigen verfielen, um über ihre Fehler nachzudenken.

Es gab kein Foto vom Unglücksmann. Wenn es eines gab, tauchte es nie auf. Über die Jahre verwandelten sich seine Schönheit sowie seine Eigenart in eine Legende, die Verwünschungen meiner Mutter aber halfen nichts, oder falls doch, kam es uns nicht zu Ohren. Ich stellte mir den Unglücksmann mit breiten Schultern, heller Haut und langen Beinen vor. Er und meine Tante, auf ihren Jugendfotos mit ihren langen schwarzen Haaren, grünen Augen und ihrer schlanken Taille, gaben ohne Zweifel ein sehr schönes Paar. Damals dachte sicher jeder, dass zwei so schöne Menschen zusammengehörten.

Meine Tante erzählte mir nie vom Unglücksmann, und ich fragte sie auch nicht nach ihm. Ich wusste, dass sie jede Unterhaltung über ihre Ehe mit einem abweisenden Lächeln beenden und nichts erzählen würde. Sie war eine stille Frau. Meine Mutter sagte, dass sie auch vor dem Unglücksmann so war, mein Vater fügte hinzu, dass sie schon als Kind sehr still war. Manchmal schweifte sie mit ihren Gedanken ab. Ich stellte mir vor, dass sie an den Unglücksmann dachte, aber vielleicht dachte sie auch an etwas ganz anderes. Vielleicht dachte sie selbst gar nicht so viel an den Unglücksmann wie wir.

Erst, als meine Tante das Heiratsalter weit überschritten hatte, endete das Gerede über den Unglücksmann. Ich war dreißig Jahre alt, als sie aufhörte, als Lehrerin zu arbeiten, in Rente ging und in die Nähe meiner Familie zog. Ich war ein Jahr verlobt und schon neun Jahre in einer Beziehung. Er war gutaussehend, hatte blaue Augen und war Anwalt. Eines Tages beschloss er plötzlich, ins Ausland zu gehen, und ohne eine Erklärung zu liefern, verkündete er, dass diese Beziehung nicht mehr funktionieren würde. Ich zog für eine Weile wieder zu meiner Familie. Wenn auch nicht über ihn gesprochen wurde, wachte er jeden Tag in den Blicken meiner Eltern mit uns auf und saß jeden Tag mit uns am Tisch.

Eines Tages saßen meine Tante und ich am Tisch, während meine Mutter Geschirr in die Schränke räumte. Plötzlich hielt meine Mutter inne, drehte sich zu mir um und sagte, Schau, ich sage das zum ersten und letzten Mal, danach werde ich meinen Mund halten. Du hast schon Jahre damit verschwendet, einem Unglücksmann hinterherzulaufen, du denkst, du bist immer noch jung, aber das bist du nicht. Vergiss ihn, es ist vorbei, beeile dich, ehe du dich versiehst, sind die Jahre vergangen und du bleibst allein. Ich schaute zu meiner Tante, sie hatte ihre Augen auf den Teller gerichtet, den meine Mutter in der Hand hielt. Sie lächelte. Mir geht es gut, sagte ich und lächelte, sie schaute erst mich an, dann meine Tante und machte ein saures Gesicht, schnaubte abfällig, drehte sich von uns weg und beschäftigte sich wieder mit dem Geschirr. Was sie gerade gesehen hatte, war nicht ihre Tochter, sondern ein weiteres Opfer eines Unglücksmannes. Was auch immer von nun an geschah, ich würde in ihren Augen nie mehr etwas anderes sein. Das hatte ich verstanden.

In meiner Gegenwart wurde nie wieder über diesen zweiten Unglücksmann gesprochen. Es war mir aber klar, dass er ein unumgängliches Thema bei jedem Familienessen war.

21

Staub

Vier Wände. Ein nacktes Zimmer. Das Licht traf auf einen Punkt in der Mitte des Zimmers. Der Staub schwebte, für das Auge sichtbar, in der stickigen Luft des Zimmers umher.

Sie saßen an die Wand gepresst, drangen fast in sie ein. Niemand sprach, niemand bewegte sich. Nur ihr Atem bewies, dass sie noch lebten. Sie dachte darüber nach, dass sie noch nie einen solchen Ort gesehen hatte. In kein Zimmer knallte die Sonne so wie in dieses. Und wenn es so wäre, würde niemand am Leben bleiben.

Ein bisschen entfernt von allen anderen saßen drei Frauen. In der Mitte eine ältere, zu ihrer Rechten eine junge, zu ihrer Linken eine alterslose. Sie schauten. Eine lange Zeit. Staub zwischen ihnen schwebend. Die Frau in der Mitte bewegte sich, heftete ihre Augen ans Nichts, sie strich mit ihrer Hand dreimal über ihre Beine. Sie schaute wieder, Gib mir Nachricht von meinem Sohn, sagte sie. Mit dem Erklingen ihrer Stimme schauten alle wie auf einen Befehl hin zu ihr. Sie wusste es nicht, sie wollte es unbedingt wissen, sie hatte auch Angst, Ich weiß es nicht, sagte sie.

Alle Augen richteten sich wieder auf den Boden. Sie bemerkten nicht, dass sie das Zimmer verließ.

22

Rechtsverordnung

Auch wenn das Leben zum Stillstand kam, nachdem eine Rechtsverordnung das Verbot, auf die Straße zu gehen, eingeführt hatte, verlief das Leben mit der Zeit wieder in normalen Bahnen.

Für Menschen, die sich ohnehin nur von einem Parkplatz zum nächsten fortbewegten, änderte sich vom ersten Tag an nichts, sie waren erfreut über den Rückgang des Fußgängerverkehrs. Alle anderen gingen ihren Erledigungen nach, indem sie sich auf Seilen fortbewegten, die von Gebäude zu Gebäude gespannt wurden, und auch wenn es länger brauchte als zuvor, konnten sie so ihren Alltag meistern.

Natürlich wurde das Verbot nicht einfach hingenommen. Viele Kolumnisten kritisierten mit harten Worten die Entscheidung des Stadtrates, sie sprachen davon, dass die Straße ein wichtiger Teil der Stadtkultur sei und riefen die Bevölkerung dazu auf, gegen das Verbot auf die Straße zu gehen. Aber das Verbot und die Strenge, mit der gegen alle vorgegangen wurde, die sich ihm widersetzten, machten jeglichen Protest unmöglich. Die Notwendigkeit, zur Arbeit zu gehen, holte auch die stärksten Widersacher des Verbots ein, und so fanden die Leute Lösungen, ihrem Leben weiter nachzugehen, ohne auf die Straße zu treten.

Es verging so viel Zeit, dass vergessen wurde, dass es jemals erlaubt war, einen Fuß auf die Straße zu setzen. Mit der Zeit wurde daraus eine der unglaublichen Geschichten, die Großvätern ihren Enkeln erzählen.

Selim, der im höchsten Wolkenkratzer der Stadt arbeitete, hatte, wie alle anderen, noch nie einen Fuß auf die Straße gesetzt. An Tagen, an denen die Spannung des Seils aufgrund der Hitze nachließ, kam es vor, dass er der Straße bis auf zehn Meter nahe kam, das war alles.

Eines Tages, als er auf dem Dach des Wolkenkratzers eine Zigarette rauchte, sah er einen Vogel. Er war an diesen Anblick gewöhnt, da er in seinem täglichen Leben mehr Vögeln als Menschen begegnete, aber dieser Vogel ähnelte keinem anderen. Seine Flügel waren so klein, dass es an ein Wunder grenzte, dass sie ihn in diese Höhen getragen hatten. Er hatte einen schwarzen Fleck auf seinem Kopf. Er schaute Selim an, ohne zu blinzeln. Später flog er auf einen Punkt weiter oben zu und verschwand plötzlich aus dem Blick. In den folgenden Tagen ereignete sich das gleiche unzählige Male wieder.

An einem Tag brachte Selim ein Seil mit einem Haken daran mit zur Arbeit. Als er auf das Dach stieg, wartete der Vogel schon und richtete wieder seine Augen auf ihn. Sie schauten einander eine Weile an, bis der Vogel flügelschlagend in dieselbe Richtung wie zuvor verschwand. Selim warf das Seil ins Leere. Und. Der Haken verfing sich mit einem metallenen Klang irgendwo. Wenn man von unten schaute, sah es aus, als ob das Seil im Leeren hing, aber da das Seil an etwas eingehakt war, musste es dort irgendwo hinführen. Er fing an zu klettern. Und verschwand.

Am nächsten Tag bemerkte niemand, dass Selim nicht zur Arbeit erschienen war. An einem der folgenden Tage sah ein Kollege das Seil, das in der Leere hing, fing an zu klettern und verschwand auch. Mit der Zeit stieg die Zahl derer, die Seile in den Himmel warfen und verschwanden.

Als eine Rechtsverordnung erlassen wurde, die verbot, in den Himmel zu klettern, waren in der Stadt nur noch wenige Menschen übrig geblieben.

23

Das Unbehagen des Lastwagenfahrers

Es passierte nicht auf einmal. Es begann langsam. Erst schlich sich ein Unbehagen ein, sobald er sich hinter das Lenkrad setzte. Dennoch fuhr er weiter. Lange Wege, tagelang, monatelang. Bis sein Rücken schmerzte und seine Beine taub wurden. Er wartete, dass es vorüber ginge. Aber es ging nicht vorüber. Später dachte er darüber nach, dass er sich immer gezwungen hatte. Er setzte sich nur noch ans Steuer, wenn er Lust dazu verspürte. Er wollte nicht innerhalb der Stadt fahren, er wollte aber auch nicht so lange fahren, wie es dauerte, aus der Stadt herauszukommen. So begann das Ende.

Was ist schon dabei, wenn ich keine Lust habe, dachte er sich. Es gab noch so viele andere Dinge zu tun. Es fiel ihm nichts ein. Seit er denken konnte, war er Lastwagenfahrer, er konnte sich nicht vorstellen, etwas anderes zu sein, er wollte auch noch nie etwas anderes werden.

Er war gut darin. Er war bekannt dafür, nie Fehler zu machen. Der Trick ist, auf niemanden zu hören und seine Arbeit nicht zu ernst zu nehmen, pflegte er zu sagen, wenn er gefragt wurde. Er fuhr nicht jede Tour und nahm nicht jede Ladung an. Aber jeden Tag setzte er sich für eine Stunde hinter sein Lenkrad, um seine Technik zu perfektionieren.

Neben denen, die seine Technik lobten, gab es auch jene, die sie kritisierten. Die Kritik, die er am meisten hörte, war, dass er zu langsam fuhr. Man muss langsam fahren, um keinen Fehler zu machen, erwiderte er darauf und hörte nicht auf sie. Manche waren der Meinung, dass er das Lastwagenfahren hinter sich lassen und anfangen sollte, etwas zu lenken, das Menschen beförderte, zum Beispiel einen Bus. Er aber wollte niemanden befördern. Das würde das Ende der schönsten Seite des Lastwagenfahrens bedeuten, der Stille. Hinter dem Steuer hörte er nur das Geräusch des Motors und jenes, dass die Räder auf dem Asphalt erzeugten, verlor sich darin, wie in Gebetsrezitationen, ohne aber die Aufmerksamkeit auf seine Hände am Lenkrad zu verlieren.

Nun aber hatte sich etwas geändert. Der Motor klang jetzt, als ob er ihn beleidigen, bedrohen wollte. Ihn anzulassen war, als ob er ohne Grund ein schlafendes furchteinflößendes Geschöpf wecken würde. Das Heulen, das unkontrollierte Vibrieren unter ihm ließen ihn nervös werden.

Er konnte sich weder trennen vom Lastwagen, noch konnte er ihn fahren. Er setzte sich jeden Tag eine Stunde hinter das Lenkrad. Es war gemütlich und schützend wie ein Zuhause. Den Motor ließ er nie wieder an, da er wusste, dass Beschimpfungen auf ihn niederprasseln würden, sobald er den Schlüssel umdrehte. Und auch die Räder drehten sich nie wieder.

Sine Ergün

wurde 1982 in İstanbul geboren, studierte in Venezuela und schloss an der Bilkent Universität Istanbul im Bereich Internationale Beziehungen ab. Sie wirkte in Theaterprojekten als Dramaturgin, Regieassistentin und Schauspielerin. Nach dem Dramaturgie-Studium arbeitete sie als Verlagslektorin und Herausgeberin des »Notos Magazins« und publizierte seit dieser Zeit eigene Übersetzungen, Essays, Erzählungen und Gedichte. 2012 gründete Sine die Künstlerresidenz »maumau«, die Raum für Ausstellungen, Kulturmanager, Kunsthistoriker und Kunstkritiker bietet. 2010 erschien ihr erster Erzählband »Burası Tekin Değil« (»Es ist nicht sicher hier«), eine Erzählung ihres zweiten Buches »Bazen Hayat« (»Leben, manchmal«) von 2012 gewann 2013 den renommierten Sait-Faik-Preis für Kurzgeschichten. Ihr drittes Buch »Baştankara« (»Solche wie Sie«) erschien 2016 und wurde im darauffolgenden Jahr mit dem Literaturpreis der Europäischen Union ausgezeichnet.